家校共育 1

助力孩子

取得高分

闫观平◎著

中国出版集团
中译出版社

图书在版编目（CIP）数据

助力孩子取得高分 / 闫观平著 . -- 北京 : 中译出版社，2025. 3. --（家校共育）. -- ISBN 978-7-5001-8163-7

I. G622.46

中国国家版本馆 CIP 数据核字第 2025EB4326 号

助力孩子取得高分

ZHULI HAIZI QUDE GAOFEN

出版发行：中译出版社
地　　址：北京市西城区新街口外大街 28 号普天德胜大厦主楼 4 层
电　　话：010-68002876
邮　　编：100088

责任编辑：张　旭
文字编辑：李雪梅

印　　刷：三河市祥达印刷包装有限公司
规　　格：710毫米×1000毫米　1/16
印　　张：6
字　　数：45千字
版　　次：2025年3月第1版
印　　次：2025年3月第1次

ISBN 978-7-5001-8163-7　定价：139.00元（全4册）

前言

在教育的广阔天地里，家庭与学校犹如车之两轮、鸟之双翼，相辅相成，缺一不可。《助力孩子取得高分》是我们对这片教育天地深入探索与思考的结晶，旨在为所有关注孩子成长的家长与教育工作者提供一份全面而实用的指南，助力他们在共育之路上携手同行，共铸孩子的美好未来。

然而，在现实教育中，家庭与学校常常面临各种挑战与困惑。家长们可能在教育方法上感到迷茫，面对孩子的学习压力、心理问题等不知所措；学校在与家庭沟通协作时，也可能存在信息不畅、理念差异等问题。本书正是针对这些现实痛点，深入剖析家校共育的重要性、方法与实践路径，力求打破家校之间的壁垒，构建起紧密合作的桥梁。

在书中，我们将深入探讨如何建立良好的家校沟通机制，让家长与教师能够及时、有效地交流孩子的学习与生活情况；分享家庭教育的智慧与技巧，帮助家长营造和谐的家庭氛围，培养孩子的自主学习能力、品德修养和社会责任感；阐述学校在家校共育中的角色与责任，如何通过家长会、家长学校、亲子活动等形式，引导家长参与学校教育，实现家校教育目标的一致性；还将关注孩子在不同成长阶段的心理特点与需求，为家长和教育工作者提供针对性的教育策略，助力孩子身心健康成长。

《助力孩子取得高分》不仅仅是理论的堆砌，更是实践经验的总结与提炼。书中融入了大量真实的教育案例、家长与教师的心得体会以及国内外先进的家校共育理念与模式，具有很强的可读性与实用性。

我们希望每一位翻开这本书的读者，都能从中获得启示与帮助，在孩子的教育之路上，家庭与学校紧密携手，用爱与智慧为孩子撑起一片广阔的天空，让他们在健康、和谐、充满支持的环境中茁壮成长，绽放出属于自己的绚丽光彩。让我们共同开启这趟家校共育的探索之旅，为孩子们的未来奠定坚实的基础，共同书写他们成长的精彩篇章。

目录

家校共育概念解析

什么是家校共育？ …… 2
为什么学校教育不是万能的？ …… 3
为什么家校共育更能帮孩子成才？ …… 4
学校在家校共育中处于什么位置？ …… 5
家长该如何与班主任建立沟通？ …… 6
为什么家校沟通越多，孩子越自律？ …… 7
为什么家长一定要参加家长会？ …… 8
家委会真的有用吗？ …… 9
为什么不能要求学校对孩子额外照顾？ …… 10
如何做到时刻掌握孩子在校动向？ …… 11
孩子遭遇霸凌该如何维权？ …… 12
不知道如何配合学校教育怎么办？ …… 13
知识水平不够，无法辅导孩子怎么办？ …… 14
留守家庭如何参与家校共育？ …… 15
家校共育会增加孩子负担吗？ …… 16
家校共育可以提高孩子的成才率吗？ …… 17
家校共育中如何保护家庭隐私？ …… 18
家校共育有哪些基础规则？ …… 19
家长如何摆脱怯场心理？ …… 20

为什么交流中要保密孩子的成绩？ ………………………… 21
孩子拒绝就学校生活进行沟通怎么办？ ……………………… 22
家长太忙不能及时回应怎么办？ ……………………………… 23
家长过多参与学校活动会影响孩子吗？ ……………………… 24
家庭条件不好，会让孩子自卑吗？ …………………………… 25
家校共育会助长孩子的攀比心吗？ …………………………… 26
学校在家校共育中能提供哪些优质资源？ …………………… 27
为什么说家校共育是大趋势？ ………………………………… 28
学校哪些职能部门参与家校共育？ …………………………… 29
总结 …………………………………………………………… 30

孩子的健康人格塑造

孩子为什么总是缺乏安全感？ ………………………………… 32
孩子自卑或者自大怎么办？ …………………………………… 33
为什么孩子总是依赖父母？ …………………………………… 34
为什么我的孩子交不到朋友？ ………………………………… 35
孩子养不成好习惯怎么办？ …………………………………… 36
如何培养孩子的规则意识？ …………………………………… 37
为什么孩子没有特长？ ………………………………………… 38
如何培养孩子的语言能力？ …………………………………… 39
培养孩子的逻辑能力有什么诀窍？ …………………………… 40
为什么孩子做事总是笨笨的？ ………………………………… 41
如何培养孩子的自律能力？ …………………………………… 42
孩子不会拒绝别人怎么办？ …………………………………… 43

如何培养孩子的独立能力？…………………………………… 44
怎么让孩子喜欢上阅读？………………………………………… 45
孩子总是沉迷于电子产品怎么办？…………………………… 46
如何正确培养孩子的兴趣爱好？……………………………… 47
孩子学习能力差怎么办？……………………………………… 48
如何帮助孩子养成良好的学习习惯？………………………… 49
孩子无法控制情绪怎么办？…………………………………… 50
怎样改掉孩子半途而废的恶习？……………………………… 51
孩子过于自我怎么办？………………………………………… 52
怎么让孩子适应竞争环境？…………………………………… 53
如何培养孩子的抽象思维？…………………………………… 54
孩子不愿意吃苦怎么办？……………………………………… 55
如何提高孩子的智商？………………………………………… 56
如何增强孩子的体质？………………………………………… 57
为什么跟孩子做朋友的父母最省心？………………………… 58
为什么家庭教育会影响学校教育？…………………………… 59
总结……………………………………………………………… 60

青春期的常见问题

如何让孩子时刻对自己敞开心扉？ ……………………………… 62
父母要怎么尊重孩子的隐私？………………………………… 63
如何正确应对孩子的叛逆行为？ ……………………………… 64
孩子模仿家长的不良习惯怎么办？ …………………………… 65
如何教育偷拿家里钱财的孩子？……………………………… 66
孩子对陌生人缺乏提防心怎么办？…………………………… 67

青春期早恋该如何预防？ …… 68
孩子出现厌学情绪怎么办？ …… 69
如何培养孩子的人生目标？ …… 70
孩子无法应对逆境怎么办？ …… 71
青春期孩子学习缺乏专注力怎么办？ …… 72
孩子花钱无节制怎么办？ …… 73
如何帮孩子戒掉“网瘾”？ …… 74
孩子总是不做作业怎么办？ …… 75
如何培养孩子的时间观念？ …… 76
怎么提高孩子的做事效率？ …… 77
孩子总是沉迷于幻想怎么办？ …… 78
如何帮孩子增强自控能力？ …… 79
孩子总是把困难推给别人怎么办？ …… 80
如何帮孩子建立道德观？ …… 81
孩子出现逆反心理怎么办？ …… 82
怎么培养孩子的责任感？ …… 83
如何防止孩子交到不良朋友？ …… 84
如何帮孩子客观认识自己？ …… 85
该如何帮孩子做人生规划？ …… 86
如何做青春期孩子的理想父母？ …… 87
总结 …… 88

家校共育
概念解析

什么是家校共育？

家校共育是家庭和学校相互配合、共同教育孩子的模式。家庭是孩子成长的第一环境，给予孩子情感支持和价值观塑造；学校则提供系统知识与社交环境。二者通过沟通、合作，如家长参与学校活动、教师家访等方式，在教育理念、目标、方法上保持一致，全面关注孩子发展，包括学习、心理、品德等方面，形成教育合力，为孩子营造良好的成长氛围，弥补各自教育的不足，促进孩子健康成长。

趣味小贴士

家长可以和孩子玩“家校接力”游戏。准备一些卡片，一面写家庭场景（如睡前故事），另一面写学校场景（如课堂讨论）。家长先抽一张，表演卡片上的场景，孩子则接着表演抽到的学校场景。

名师点拨

家校共育是家庭和学校形成教育合力。在教育技巧上，家庭重情感滋养与品德培养，如日常的言传身教。学校通过专业教学和集体生活塑造孩子。双方通过家长会、家访等进行沟通，在教育方法、目标上协同，全方位促进孩子发展。

为什么学校教育不是万能的？

学校教育受多种因素限制。一方面，学校资源有限，无法满足每个学生的个性化需求，学生个体差异大，学习进度和方式不同。另一方面，学校侧重知识传授和集体管理，难以给予每个孩子充分的情感关怀和道德引导。而且，学校教育时间有限，课后及假期无法对学生行为和思想发展全面监管，像学生在家中的习惯养成、价值观深化等还需家庭助力，所以学校教育不是万能的。

趣味小贴士

准备若干张纸条，列出学校无法完全解决的问题，如学生在家的习惯养成、个性化心理辅导等。让孩子抽取纸条，然后和家长一起讨论学校在这些方面的局限，从中理解学校教育的有限性。

名师点拨

学校教育受多种因素限制。从教育技巧来看，学校多是集体教学，难以满足每个孩子独特的学习进度和方式，且学校侧重知识传授，在情感陪伴和一些道德实践场景的设置上，不如家庭灵活，所以需要家庭配合来弥补不足。

为什么家校共育更能帮孩子成才？

家校共育是孩子成才的“加速器”。学校提供系统知识学习与集体生活体验，培养孩子的认知与社交能力。家庭则给予情感支持与品德熏陶，塑造孩子的价值观与性格。例如，学校的学业规划搭配家庭的自律习惯培养，让孩子学习更高效。亲子互动配合参与学校活动，增强孩子自信与团队协作能力。家校目标一致、资源互补，全面滋养孩子成长，为孩子铺就多元成才之路，使其更具竞争力与适应力。

趣味小贴士

学校给予知识技能，家庭赋予品德情感。教师在课堂授业解惑，家长于生活中言传身教。学校组织实践，拓宽视野，家庭陪伴鼓励，塑造自信。双方信息互通、优势互补，全面关注孩子身心发展。

名师点拨

家校共育之所以更利于孩子成才，在于其整合了多元教育资源。学校教育具有专业性、系统性，传授知识技能，开拓视野格局；家庭教育重品德塑造、情感培育，给予温暖关怀与个性引导。二者相辅相成，能帮助孩子全面成长。

学校在家校共育中处于什么位置？

学校在家校共育中处于枢纽地位。它是连接众多家庭和教育资源的中心。一方面，学校拥有专业的教育师资和教学体系，为家长提供教育指导和方向。比如通过家长会、家长学校等向家长传达教育理念和方法。另一方面，学校组织各种家校活动，促进家长之间、家长与教师之间的交流，收集家长反馈，协调各方教育力量，整合资源，确保教育信息在家庭和学校之间有效传递，推动共育工作顺利开展。

趣味小贴士

用积木搭建一座桥代表学校，一边是家庭区域，另一边是教育资源区域。孩子和家长一起摆放代表家庭、教师、课程等的小物件，演示学校如何连接家庭和资源，理解学校的枢纽作用。

名师点拨

学校是家校共育的枢纽。在教育技巧传播上，学校向家长传递科学教育理念和方法，如举办家长学校。同时，学校整合各方资源，组织家校活动，促进家长间、家校间交流，协调教育力量，保障共育顺利开展。

家长该如何与班主任建立沟通？

家长可从多方面与班主任建立沟通。首先，尊重班主任的工作，理解其教学和管理压力。可以在学期初主动向班主任介绍孩子的性格、爱好、学习习惯等基本信息。日常通过电话、短信、微信等方式，定期询问孩子在校表现，分享孩子在家情况。不过要注意选择合适时间，避免打扰对方工作和休息。积极参加家长会和学校组织的家长活动，面对面交流孩子的问题和发展。遇到问题时，保持冷静、理性，共同商讨解决方案。

趣味小贴士

与班主任沟通时，家长需注意：首先，提前预约，确保双方时间充裕。沟通时，态度要真诚友善，尊重班主任的专业意见。多倾听班主任反馈孩子在校情况，无论是优点还是不足，都耐心倾听。

名师点拨

家长与班主任沟通，应秉持尊重理解之心。定期主动联系，询问孩子在校综合表现，不应局限于成绩。客观反馈孩子在家状况，共寻教育契机。沟通时专注倾听，理性探讨问题，避免一味指责或过度袒护。以合作姿态，协同班主任为孩子构建良好教育环境。

为什么家校沟通越多，孩子越自律？

家校沟通有诸多益处。家长和学校频繁交流，孩子能感受到教育的一致性和连贯性，明确行为准则。例如，家长了解学校的规章制度后在家中也要求孩子遵守，形成习惯。同时，沟通能让家长和教师及时发现孩子的问题并纠正，孩子明白自己时刻被关注，就会有更强的自我约束意识。而且，家校共同鼓励积极行为、引导改进不足，这种积极的教育氛围促使孩子主动规范自己，逐渐养成自律的品质。

趣味小贴士

准备一些卡片，写上孩子在学校和家里的行为，如按时完成作业、整理书包等。家长和孩子一起抽取卡片，讨论家校如何共同监督这些行为，感受沟通带来的自律监督作用。

名师点拨

家校沟通能增强教育的一致性。在教育技巧上，家长和教师交流后，在行为规范、奖励惩罚机制等方面保持统一。孩子知道家校要求一致，就会更自觉地约束自己，而且双方能及时发现问题并予以纠正，促使孩子养成自律习惯。

为什么家长一定要参加家长会？

家长会对家长意义重大。会上，家长能直接了解孩子在学校的整体表现，包括学习成绩、课堂表现、人际关系等，明确孩子的优势和不足。教师会在会上讲解教学计划和重点，家长可据此在家更好地辅导孩子。同时，家长会是家长与教师沟通、家长之间交流教育经验的平台，有助于家长调整教育策略。而且，家长出席家长会也是家长重视孩子教育的表现，让孩子感受到家庭对其学习的关心，增强孩子的学习动力。

趣味小贴士

家长和孩子一起猜测家长会的内容，如老师会表扬还是会批评或者会讲什么新计划等。然后家长参加家长会后回来分享，看猜中了多少，增加孩子对家长会的期待和了解。

名师点拨

家长会是家校沟通的关键环节。从教育技巧上看，家长在会上能全面了解孩子的在校情况，包括成绩、人际关系等。教师讲解教学计划，家长可据此辅导孩子。同时，家长之间可交流经验，教师也能获取家长反馈，调整教育策略。

家委会真的有用吗？

家委会有重要作用。它是家校沟通的桥梁，能及时向学校反馈家长们的意见和建议，如对教学设施改进、课程设置等方面的想法。家委会成员协助学校组织活动，如运动会、文艺会演等，减轻教师负担，使活动更有序。在教育资源筹集方面，家委会可以帮助学校获取一些校外资源，丰富教育内容。此外，家委会也能促进家长之间的交流与合作，共同关心和支持学校发展，为孩子创造更好的学习环境。

趣味小贴士

家长和孩子可以模拟家委会组织活动的场景，如运动会筹备等。家长和孩子分别扮演家委会成员、学生等角色，体验家委会在协调各方、丰富校园生活等方面的作用，理解家委会的价值。

名师点拨

家委会有重要作用。在教育技巧层面，它是家校沟通的有力桥梁，能将家长意见反馈给学校，同时协助学校组织活动，如文艺演出，减轻教师负担。此外，它还能促进家长交流，整合资源，为孩子创造更好的教育环境。

为什么不能要求学校对孩子额外照顾？

家长不能要求学校对孩子额外照顾，因为这会破坏教育公平。学校资源要公平分配给每个学生，如果个别孩子获得特殊照顾，会引起其他家长和学生的不满。而且，过度照顾可能会让孩子产生依赖心理，不利于其独立能力和竞争意识的培养。学校有统一的教育管理模式和标准，特殊照顾可能会打乱正常教学秩序和管理流程，影响整个班级乃至学校的教育氛围和教育质量。

趣味小贴士

家长和孩子可以玩“公平校园”游戏。准备一些小道具代表不同孩子，和孩子讨论如果某个孩子有特殊照顾，其他孩子会有什么感受，理解这种行为对公平的破坏。

名师点拨

要求学校额外照顾会破坏公平。在教育技巧上，学校教育应面向全体学生，统一标准和资源分配。额外照顾会使孩子产生依赖心理，也可能打乱教学秩序。每个孩子都应在公平的环境中发展，培养独立和竞争意识。

如何做到时刻掌握孩子在校动向？

家长可通过多种途径掌握孩子在校动向。与班主任和任课教师保持密切沟通，定期询问孩子的学习、纪律、社交情况。积极参与学校的“家校通”等信息平台，及时接收学校的通知和孩子的在校信息，如考勤、作业完成情况等。鼓励孩子主动分享学校生活，培养孩子的倾诉习惯。此外，还可以参加学校的家长开放日、志愿者活动等，亲自观察孩子在学校的日常表现，全面了解孩子在校的真实情况。

趣味小贴士

家长和孩子一起列出了解在校动向的方法，如问老师、看学校通知等，写在卡片上。然后抽取卡片，模拟执行这些方法，感受如何获取信息，增加孩子对家长关注的理解。

名师点拨

要掌握孩子在校动向，可从多方面入手。在教育技巧上，与教师保持密切联系，询问情况。利用学校信息平台接收通知。鼓励孩子分享，培养倾诉习惯。还可参加家长开放日等活动，直接观察孩子在校表现，全面了解情况。

孩子遭遇霸凌该如何维权？

孩子遭遇霸凌，家长首先要保持冷静，安抚孩子情绪，让孩子感受到安全。收集证据，如孩子的受伤照片、相关视频、在场同学的证言等。与学校沟通，要求学校严肃调查处理，包括对霸凌者的教育和惩处，同时为孩子提供心理辅导和保护措施，避免再次受到伤害。如果学校处理不当或问题严重，可以向教育主管部门反映情况。必要时，可寻求法律帮助，维护孩子的合法权益，让霸凌者承担应有的责任。

趣味小贴士

家长和孩子可以模拟霸凌场景，一起讨论应对方法，如找老师、保留证据等，把这些方法写在卡片上。遇到类似情况时，抽取卡片按步骤行动，增强孩子应对霸凌的能力。

名师点拨

孩子遭遇霸凌时，家长要保持冷静。先安抚孩子，然后收集证据，如伤痕照片、同学证言等。与学校沟通，要求严肃处理。若学校处理不当，可向教育部门反映。严重时寻求法律帮助，让霸凌者承担责任，保护孩子的合法权益。

不知道如何配合学校教育怎么办？

若不知道如何配合学校教育，家长可从多方面入手：积极与教师沟通，询问教师对孩子的期望和建议，如学习辅导重点、品德培养方向等；参加学校组织的家长培训、讲座等活动，学习教育理论和方法；关注学校的教育目标和教学计划，在家中营造相似的学习和成长环境，如按照学校作息安排孩子生活、鼓励完成学校布置的作业和任务。同时，向其他优秀家长取经，借鉴他们的教育经验，结合自身家庭情况运用到对孩子的教育中。

趣味小贴士

将学校教育内容（如课程、活动）和家庭教育内容（如品德培养、生活习惯）分别写在拼图块上。家长和孩子一起拼，讨论如何将两者配合，从中找到配合学校教育的思路。

名师点拨

若不知如何配合学校教育，家长可主动与教师沟通，询问教师对孩子的期望和建议。参加学校组织的家长培训，学习教育方法。关注学校教育目标，在家营造相似环境，如按学校作息安排生活。还可向其他家长取经，结合家庭情况运用到教育中。

知识水平不够，无法辅导孩子怎么办？

知识水平有限的家长可以借助多种资源来辅导孩子：网络学习平台上有许多免费的课程和学习资料，可和孩子一起学习；鼓励孩子向同学请教，建立学习小组，共同进步；引导孩子使用学校图书馆或公共图书馆资源，培养自主学习能力。此外，可向亲戚、朋友中知识水平较高的人求助，让他们在孩子学习困难时给予指导。同时，注重培养孩子的学习习惯和学习兴趣，这比单纯辅导知识更重要，让孩子在遇到问题时能主动寻找解决途径。

趣味小贴士

列出孩子可能遇到的学习难题，和孩子一起讨论可以求助的对象和途径，如网络课程、同学、图书馆等，把这些写在卡片上，遇到问题时抽取卡片寻找解决方法。

名师点拨

知识不足可借助多种资源：利用网络学习平台找课程资料；鼓励孩子向同学请教或组成学习小组；引导孩子使用图书馆资源；也可向亲友求助。但关键是要培养孩子的学习习惯和兴趣，让其主动解决问题。

留守家庭如何参与家校共育？

留守家庭可以通过远程方式积极参与家校共育：利用电话、视频等经常与孩子沟通，关心孩子的学习和生活，让孩子感受到家庭的温暖和关注；和班主任保持密切联系，了解孩子在学校的情况，向教师反馈孩子在家的状态。在假期或有条件时，尽量多陪伴孩子，参加学校组织的亲子活动或弥补缺失的教育环节。还可以委托在家的亲戚协助关注孩子在学校的情况，与学校保持一定的联系，共同为孩子成长努力。

趣味小贴士

模拟留守家庭场景，用电话、视频等道具。家长和孩子定期通过视频连线，分享生活，讨论学习，感受远程参与家校共育的方式，增强家庭与学校的联系。

名师点拨

留守家庭可通过远程方式参与家校共育。在教育技巧上，常与孩子电话、视频沟通，关心其学习生活。和班主任联系，了解孩子的在校情况。假期尽量多陪伴孩子，参加亲子活动。也可委托亲戚协助，共同为孩子成长努力。

家校共育会增加孩子负担吗？

家校共育不会增加孩子负担。若家校任务安排不协调、要求不一致或沟通不畅，可能会让孩子时间紧张、产生焦虑或面对重复任务，从而增加负担。但如果家校明确分工、形成合力、支持个性化发展，不仅不会增加孩子负担，反而对孩子成长大有益处。

趣味小贴士

准备一些卡片，一面写家校共育的积极行为（如合理作业安排），另一面写消极行为（如过多课外辅导）。家长和孩子一起把卡片放在天平两边，讨论如何保持平衡，避免增加负担。

名师点拨

正常的家校共育不会增加孩子负担。在教育技巧上，若家校沟通良好、配合得当，可高效促进孩子成长，如合理安排作业和活动，关注孩子心理压力。但如果缺乏协调，家长或学校过度要求，就可能使孩子负担过重。

家校共育可以提高孩子的成才率吗？

家校共育课对提高孩子成才率有积极的作用。从学校教育角度看，家校共育课能让家长深入理解学校的教育理念和教学方法。例如，老师可以在课上讲解素质教育的重要性，引导家长注重孩子全面发展。从家庭教育方面来说，它能帮助家长掌握科学的教育技巧，如如何培养孩子的自律性等。同时，家校共育课能够加强家庭和学校之间的沟通与协作，共同发现孩子的兴趣爱好和天赋，及时给予引导和支持。

趣味小贴士

想让孩子成才？家校共育课是把“金钥匙”！它像一座桥梁，连接家庭与学校。就像树苗有了阳光雨露与精心修剪，孩子在共育中更易茁壮成长，成才之路更宽广。

名师点拨

从名师教育层面来看，家校共育课对提高孩子成才率有着关键作用。名师在共育课上，能将先进教育理念传递给家长，如启发式教育的运用。让家长明白配合学校引导孩子主动探索知识的重要性。同时，名师可针对不同孩子特点，指导家长因材施教。

家校共育中如何保护家庭隐私？

在家校共育中，保护家庭隐私至关重要。家长在与学校沟通时，对于涉及家庭经济、特殊家庭情况等敏感信息要谨慎透露。学校应建立严格的信息管理制度，对家长和学生信息保密，限制无关人员获取。在学校活动中，学校避免要求家长公开可能涉及隐私的内容。双方签订保密协议，明确各方对信息保护的责任。同时，家长和教师在交流中也要尊重其他家庭的隐私，不随意传播相关信息。

趣味小贴士

在家进行亲子游戏，列出家庭隐私内容，如收入、特殊家庭情况等，写在卡片上。家长和孩子一起讨论如何保护这些隐私，如不随意告诉他人，把卡片放在一个代表隐私保护的盒子里。

名师点拨

保护家庭隐私很重要。在教育技巧上，家长与学校沟通时，对敏感信息谨慎透露。学校要建立严格的保密制度，限制信息获取。在活动中避免要求公开隐私内容。同时，家长和教师都要尊重其他家庭的隐私，不传播相关信息。

家校共育有哪些基础规则？

家校共育的基础规则包括：相互尊重，家长尊重教师的教育专业性，教师尊重家长对孩子的监护权和教育意愿；保持沟通畅通，双方及时、准确地交流孩子的情况；明确教育目标和责任，家庭和学校清楚各自在孩子成长中的角色和任务；平等合作，共同参与教育决策，如课程设置、活动安排等方面的讨论。同时，要遵循教育规律，以孩子健康成长为出发点，不搞形式主义，注重教育效果。

趣味小贴士

把家校共育的基础规则，如相互尊重、沟通畅通等写在拼图块上。家长和孩子一起拼图，边拼边讨论每个规则的含义和重要性，加深对基础规则的理解。

名师点拨

家校共育的基础规则包括相互尊重，家长尊重教师的专业性，教师尊重家长的意愿；保持沟通畅通，及时准确交流孩子的情况；明确教育目标和责任，平等合作参与决策；遵循教育规律，注重效果，不搞形式主义。

家长如何摆脱怯场心理？

家长要摆脱怯场心理，首先要认识到自己和教师是平等的教育伙伴关系，都是为了孩子好。家长在与教师沟通前，可准备好要交流的内容，如孩子的问题、自己的想法等，增强自信；平时多参加家长群体活动，锻炼自己的社交能力和表达能力；把注意力集中在孩子的教育问题上，而不是过分在意自己的表现。如果还是紧张，可以先从简单的沟通方式开始，比如先通过信息交流，逐渐适应后再进行面对面交流。

趣味小贴士

家长可以和孩子玩“勇敢沟通”游戏。家长模拟与教师沟通场景，孩子当观众，每次沟通后孩子给予鼓励和建议。家长不断练习，克服紧张，增强自信，逐渐适应沟通情境。

名师点拨

家长要摆脱怯场，需认识到自己与教师是平等伙伴。与教师沟通前准备内容，如孩子的问题和想法。多参加家长活动锻炼能力。将注意力集中在孩子教育问题上。开始可先通过简单方式沟通，再过渡到面对面交流。

为什么交流中要保密孩子的成绩？

交流中保密孩子的成绩是为了保护孩子的自尊心和隐私。成绩只是孩子学习的一个方面，如果公开，可能会让成绩不理想的孩子受到同学的嘲笑或产生自卑心理，影响其学习积极性和心理健康。同时，每个孩子的发展速度不同，一次成绩不能完全代表孩子的能力。保密成绩能让家长和教师更关注孩子的全面发展，避免过度强调分数，营造一个更健康、积极的教育氛围。

趣味小贴士

试试“成绩守护小特工”游戏！把成绩当作神秘任务情报，仅家长与老师知晓。若随意泄露，就像特工暴露机密，会让孩子陷入“敌袭”般的舆论压力。

名师点拨

交流中保密孩子的成绩，是为其营造健康心理环境。成绩公开易使孩子被标签化，承受外界不当评判与竞争压力，影响自尊与自信。保护成绩隐私，可让孩子专注自身成长，依据内在动力发展，家长与教师也能更精准地引导，助力孩子建立稳固且积极的自我认知。

孩子拒绝就学校生活进行沟通怎么办？

当孩子拒绝沟通学校生活时，家长不要强迫，应先营造轻松、安全的氛围，比如在吃饭、散步等轻松时刻和孩子交流；尊重孩子的感受，不要急于追问或批评；可以分享自己的经历，引起孩子共鸣，让孩子慢慢打开心扉。也可以通过孩子的朋友、同学侧面了解一些情况，但要注意方式方法，不要让孩子觉得被监视。如果问题严重，家长可以寻求心理老师或专业人士的帮助。

趣味小贴士

和孩子玩“创意拼图大冒险”游戏，准备各种形状的拼图块，让孩子自由组合成新图案，锻炼空间思维。还有“故事接龙奇思妙想版”，家长起个头，让孩子接着编故事。

名师点拨

家校沟通非常重要，如果孩子长期对父母有所隐瞒，家长就会对孩子的成长做出错误判断，从而做出错误的教育决策。需要注意的是，只有当孩子觉得父母是可靠的朋友，会帮他们解决问题而不是带来新问题的时候，才会敞开心扉进行交流。

家长太忙不能及时回应怎么办？

家长太忙无法及时回应时，要提前和孩子、学校沟通说明情况。可以和孩子约定特殊的沟通方式，如留便条、用语音留言等，让孩子知道家长关心他。对于学校的通知和教师的联系，家长应告知对方自己的忙碌时段，同时安排好备用联系人，如其他家庭成员或信任的朋友，确保信息不遗漏。在有空的时候，及时回复孩子和学校，弥补沟通缺失，向孩子解释原因，让孩子理解。

趣味小贴士

家长和孩子一起制订忙碌时的沟通计划，如用留言板、语音留言等。模拟忙碌场景，按计划执行，感受特殊沟通方式的效果，确保孩子知道家长关心他。

名师点拨

家长可提前与孩子和教师沟通，设定固定回复时段，或委托家中其他成员协助。同时，利用便笺、语音等快速回复方式，保持家校联系畅通，确保孩子教育不受影响。

家长过多参与学校活动会影响孩子吗?

家长过多参与学校活动可能有积极和消极影响。积极方面，能增强亲子关系，让孩子感受到家长的支持，如家长参与运动会为孩子加油。消极方面，家长过度参与可能会给孩子带来压力，让孩子觉得被过度关注，影响其独立性和自主性。而且，如果家长在活动中表现不当，可能会让孩子感到尴尬。所以家长要适度参与，尊重孩子的意愿和学校的安排，注重参与质量，避免给孩子造成不必要的困扰。

趣味小贴士

列出家长参与学校活动的积极和消极影响内容，写在卡片上，放在天平两边。家长和孩子一起讨论如何保持平衡，找到合适的参与度，避免对孩子产生不良影响。

名师点拨

家长过多参与学校活动有正负影响。积极的方面是增强亲子关系和支持感，但过度参与可能给孩子带来压力，影响独立性。家长要适度参与，尊重孩子的意愿和学校的安排，注重参与质量，避免给孩子造成困扰。

家庭条件不好，会让孩子自卑吗？

家庭条件不好被发现可能会让孩子产生自卑心理，但这不是必然的，关键在于家长和学校的引导。家长要培养孩子正确的价值观，让孩子明白财富不是衡量人的唯一标准，要注重家庭的温暖和爱。学校也应营造平等、包容的氛围，避免歧视现象。同时，鼓励孩子发挥自身优势，通过努力提升能力，让孩子在其他方面获得自信，减少因家庭条件带来的负面影响。

趣味小贴士

家庭的条件不只是经济条件，更重要的是举一反三的思维、良好的学习氛围等条件。历史上很多成就非凡的人，都是靠后者和自身的努力成功实现了逆袭。

名师点拨

提高孩子自信心的方法千千万，但一定不能欺骗孩子，更不能给孩子灌输错误的世界观、价值观和人生观。把家庭层面存在的问题跟孩子沟通透彻，家长就会发现孩子看待事物的智慧与改变命运的决心是令人震惊的。

家校共育会助长孩子的攀比心吗？

正常的家校共育不会助长孩子的攀比心。如果家校注重品德教育和价值观引导，孩子就会明白内在品质比物质更重要。但如果在共育过程中，家长和学校过于强调物质奖励、展示家庭财富或资源，可能会引发攀比。例如，过度宣扬某些学生的高档用品或丰富资源。所以，家校共育要强调精神层面的鼓励和培养，树立正确的价值导向，避免让孩子陷入物质攀比的旋涡。

趣味小贴士

玩“攀比小侦探”游戏。家长和孩子一起观察周围环境，找出攀比现象，讨论其坏处。然后列出家校共育中避免攀比的方法，如注重精神奖励，写在卡片上，时刻提醒自己。

名师点拨

正常家校共育不会助长攀比心。若家校注重品德和价值观教育，孩子就会明白内在品质更重要。但如果过度强调物质奖励或展示财富资源，可能会引发攀比。要以精神鼓励为主，树立正确的价值导向。

学校在家校共育中能提供哪些优质资源?

学校在家校共育中能提供多种优质资源：师资方面，有专业的教师队伍能为家长提供教育指导，对孩子进行知识传授和心理辅导；教学设施如实验室、图书馆等，丰富孩子的学习体验，培养实践能力和阅读习惯；学校组织的各类活动，如艺术展览、科技节等，激发孩子兴趣，提升综合素质。还有教育平台和软件，辅助学习和家校沟通，让家长更好地了解孩子的学习情况，共同促进孩子成长。

趣味小贴士

玩“学校资源大发现”游戏。家长和孩子一起列出学校的资源，如教师、图书馆、实验室等，然后模拟使用这些资源的场景，如在实验室做实验，感受学校资源对孩子成长的帮助。

名师点拨

学校能提供多种优质资源。师资方面，教师能指导孩子学习和心理辅导。教学设施，如实验室、图书馆能丰富学习体验。学校活动，如艺术展、科技节等，激发孩子兴趣。还有教育平台和软件辅助学习和家校沟通。

为什么说家校共育是大趋势？

之所以说家校共育是大趋势，是因为现代教育理念强调全面发展。单一的学校或家庭教育都有局限性，而共育能整合二者优势。社会发展使家庭和学校联系更紧密，信息传播便捷，便于沟通合作。而且，教育改革要求培养具有综合素质的人才，需要家庭和学校在品德、知识、能力等多方面共同努力。此外，孩子面临的问题日益复杂，如心理问题、社交问题等，家校共育能更有效地解决这些问题，为孩子创造更好的成长环境。

趣味小贴士

玩“共育趋势”小游戏。准备一些卡片，写上现代教育需求，如全面发展、综合素质培养等。家长和孩子一起讨论这些需求，发现只有家校共育能满足，理解其成为大趋势的原因。

名师点拨

家校共育是大趋势。现代教育强调全面发展，单一教育有局限，共育可整合优势。信息传播便捷，便于沟通。教育改革要求培养综合素质人才，需要家校共同努力。且孩子问题复杂，共育能有效解决这些问题，创造良好的成长环境。

学校哪些职能部门参与家校共育？

学校中，德育处参与家校共育，负责学生品德教育，与家长沟通孩子品德发展情况，组织相关教育活动。教务处与家长交流教学计划、课程安排和孩子学习情况，指导家长配合教学工作。班主任是家校沟通的核心，全面协调孩子在学校和家庭的情况。心理辅导室为家长提供孩子心理发展咨询，对有心理问题的孩子进行干预，与家长共同关注孩子心理健康。此外，学校的家委会联络部门也在促进家校合作中发挥重要作用。

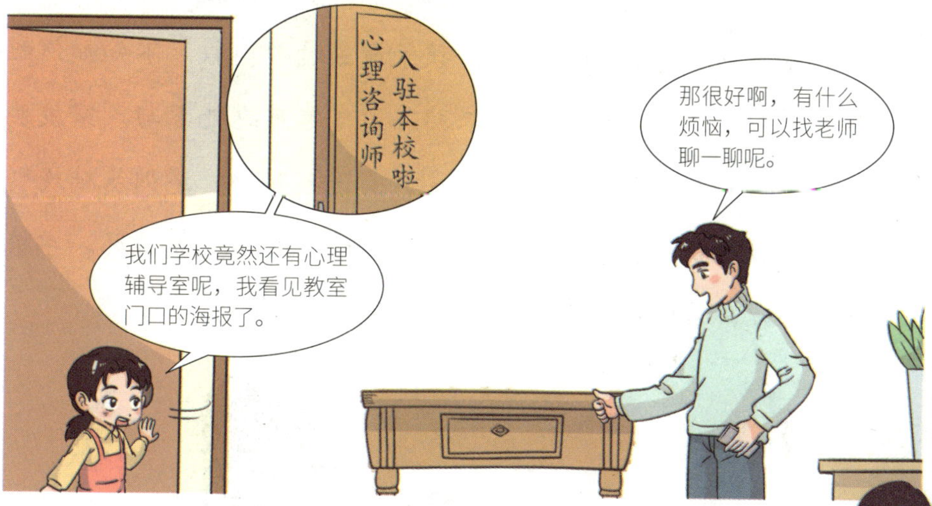

趣味小贴士

家长和孩子一起猜测学校哪些部门参与家校共育，如德育处、教务处等，然后去学校了解这些部门的工作，加深对其在共育中作用的理解。

名师点拨

学校中德育处负责品德教育，与家长沟通孩子品德情况，组织相关活动。教务处交流教学计划和学习情况。班主任是核心，协调家校共育是家庭和学校共同为孩子成长努力的过程。心理辅导室提供心理咨询，关注孩子心理健康。家委会联络部门促进家校合作。

总结

学校不是万能的，家校共育能更好地培养孩子。学校处于枢纽位置，家长可多方式与班主任沟通。家校沟通多利于孩子自律，家长应参加家长会。家委会有作用，不能要求学校额外照顾。可多途径掌握孩子动向，孩子遭霸凌要维权。不知如何配合可多学习交流。知识不够可求助。留守家庭也能参与。家校共育不会增加负担，可能提高成才率，要保护隐私，遵循基础规则。家长可摆脱怯场，保密成绩，应对孩子拒绝沟通等情况。学校能提供资源，家校共育是趋势，多个部门参与其中。

孩子的
健康人格塑造

孩子为什么总是缺乏安全感?

孩子缺乏安全感的原因多种多样。家庭环境的不稳定，如父母关系不和、频繁搬家等，会直接影响孩子的安全感。此外，父母的过度保护或忽视也会让孩子感到不安，过度保护限制了孩子的自主探索，而忽视则让孩子感到被遗忘。同时，孩子的自身性格特质，如敏感、内向，也让他们更容易感到缺乏安全感。另外，社交环境的不足，缺乏与同龄人的正常交流，也会导致孩子在人际交往中产生不安全感。

趣味小贴士

亲子游戏增进亲密，睡前故事安定心神，拥抱鼓励常相伴，让孩子在陪伴交流中感受爱与安全。

名师点拨

家长要给予孩子足够的关爱与陪伴，让孩子感受到被重视和珍视；鼓励孩子自主探索和尝试，增强其自信心；培养孩子的社交能力，帮助他们建立稳定的友谊关系；倾听孩子的心声，理解他们的感受，成为他们坚实的后盾。

孩子自卑或者自大怎么办？

对于自卑的孩子，多鼓励、肯定其优点，一起设定小目标并逐步实现，增强其自信。同时，避免过度批评，提供安全、支持的家庭环境。对于自大的孩子，适当引导其认识自身不足，通过故事、榜样等方式教育孩子谦逊。

家长可以引导孩子参与一些团队活动，让他们在合作中学习尊重他人，理解每个人都有自己的长处和短处。通过这些方法，孩子可以逐渐学会自我评价，既不自卑也不自大，形成一个健康、平衡的自我认识。

趣味小贴士

每个人都有自己的价值，不必与他人比较，要勇敢地展现自己，同时又不让自己的锋芒伤害到别人。

名师点拨

对于自卑的孩子，家长要多鼓励、多陪伴，帮助孩子发现并发扬自己的长处。对于自大的孩子，家长要适当“克制”表扬，将重心放在孩子面对困难时的勇气和努力上。

为什么孩子总是依赖父母？

孩子过度依赖父母，可能源于父母溺爱、过度保护，或孩子缺乏安全感。家长应逐步放手，鼓励孩子独立解决问题，增强其自信心。同时，提供稳定、安全的家庭环境，让孩子感受到爱与支持。避免替孩子做所有决定，引导其学会独立思考和判断。

通过设定合理的界限，家长可以教会孩子如何在安全的范围内尝试和犯错，从而学习和成长。此外，家长应该鼓励孩子参与家庭决策，让他们感受到自己的意见被重视，这有助于孩子建立起解决问题的能力和自信心。

趣味小贴士

鼓励孩子独立解决问题的时候，家长应给予信任与支持，引导孩子通过尝试与探索独立解决问题，并及时肯定孩子的努力与成果。

名师点拨

要培养孩子不依赖父母，可以从以下三个方面入手：首先，给予孩子适当的自主权，让他们在选择日常用品、管理个人事务等方面自己做决定，并承担相应责任。其次，鼓励孩子自己解决问题。最后，培养孩子的自我管理能力也至关重要。

为什么我的孩子交不到朋友？

孩子交不到朋友，可能与性格内向、社交技巧不足或家庭环境有关。家长应多鼓励孩子参与集体活动，提供与人交往的机会。教会孩子基本的社交礼仪和沟通技巧，如分享、轮流、等待等。

同时，家长可以与孩子一起探讨和分析社交互动中的成功与失败，帮助他们理解人际交往的复杂性，并从中学习。此外，家长应留意孩子在社交场合中的情绪变化，适时给予安慰和鼓励，帮助他们克服社交恐惧，增强自信。通过这些方法，孩子将逐渐学会如何与他人建立和维护友谊。

趣味小贴士

让孩子学会“FFC 赞美法则”。学生交往中，学会如何赞美也是一门学问，可以帮助孩子改善同学关系。

名师点拨

FFC 赞美法则是一种有效的赞美、交友技巧，其全称为“感受—事实—比较”（Feeling-Fact-Compare）。这种赞美法则通过表达自己的感受、列举具体事实以及进行比较，让赞美更具真诚度和说服力。

孩子养不成好习惯怎么办？

孩子养不成好习惯，家长需耐心引导。可以通过正面激励，如表扬、奖励等，增强孩子遵守规则的动力，让孩子养成良好的习惯。为孩子设定小目标，完成即获得小奖励，如贴纸、玩具等，增加趣味性。

同时，家长应该以身作则，树立良好的榜样。孩子们很容易模仿大人的行为，因此家长在日常生活中展现出的良好习惯对孩子的影响至关重要。

趣味小贴士

首先，父母要以身作则，展示良好的行为习惯。其次，与孩子共同制定明确的规则，并坚持执行。

名师点拨

让孩子养成良好习惯被视为塑造美好自我、提升自律性和自信心的关键。教育专家强调，习惯养成需内外兼修，既重视外显性行为训练，又关注内隐性智慧特征的培养，引导孩子将习惯融入生活情境，实现习惯与成长的良性互动。

如何培养孩子的规则意识？

培养孩子的规则意识：一是以身作则，遵守规则，为孩子树立榜样；二是与孩子共同制定规则，确保规则简单明了、易于执行；三是通过故事、游戏等方式，向孩子解释规则的重要性；四是当孩子遵守规则时，及时给予正面激励和反馈；五是家长需保持耐心和一致性，持续培养孩子的规则意识；六是利用日常生活中的实际情境，让孩子在实践中学习和体验规则的意义。例如，在家庭聚会时，让孩子负责摆放餐具，体验秩序和责任；在公共场所，引导孩子遵守排队等候的规则，理解公共秩序的重要性。

通过这些具体而生动的体验，孩子能够更深刻地认识到规则对于个人和社会的积极作用。

趣味小贴士

偶尔让孩子扮演父母或老师的角色，制定并执行规则，这样能加深他们对规则的理解和认同。

名师点拨

培养孩子的规则意识需基于儿童心理学和教育学的理论。家长和教育者需遵循孩子认知发展规律，以身作则，通过明确规则、正面激励、合理后果等方式，逐步引导孩子理解并内化规则，形成自律和自我管理的良好习惯。

为什么孩子没有特长？

孩子没有特长，可能是家长未发掘其潜能或孩子缺乏兴趣和动力。家长应多观察孩子的兴趣和特长，为其提供多样化的学习机会。鼓励孩子尝试新事物，发现其潜在优势。同时，营造积极、支持的学习氛围，让孩子敢于尝试和犯错。通过持续的练习和指导，帮助孩子逐渐掌握技能并发展特长。家长还需保持耐心和信心，相信孩子有能力发掘和培养自己的特长。

通过与孩子的日常互动，家长可以更好地理解孩子的个性和喜好，从而为孩子提供更加个性化的支持和资源。此外，家长应该鼓励孩子参与各种活动，无论是体育、艺术，还是科学实验，都有助于孩子发现自己的兴趣所在。

趣味小贴士

很多人的特长需要很长时间才能显现，需要后天的努力、持续的学习以及适时的机遇。

名师点拨

一方面，孩子的兴趣和潜能需要时间和机会去发掘和培养；另一方面，家庭、学校和社会环境等也可能影响孩子特长的发展。此外，每个孩子的成长节奏和路径都是独特的，不应过分追求特长而忽视其整体发展。

如何培养孩子的语言能力？

培养孩子的语言能力：一是多与孩子交流，提供丰富的语言环境；二是通过游戏、故事等方式，激发孩子的语言兴趣；三是鼓励孩子模仿和表达，如模仿动物的叫声、讲述自己的经历等；四是提供适合孩子年龄的阅读材料，培养其阅读兴趣和阅读能力；五是带孩子参加与语言相关的活动，如演讲比赛、故事会等；六是耐心倾听孩子的表达，即使他们的话语不完整或不正确，也要给予积极的反馈和鼓励；七是利用日常生活中的各种情境，如购物、做饭时，让孩子描述所见所闻，增加语言实践的机会；八是适时纠正孩子的语言错误，但要注意方式方法，避免打击孩子的积极性；九是鼓励孩子与同龄人交流，通过社交活动提高语言沟通能力。

趣味小贴士

生活中的趣人趣事，是最能锻炼孩子语言能力的。让孩子多接触这些事物，还能开阔视野呢。

名师点拨

培养孩子的语言能力需注重语言环境创设、多样化语言刺激、引导观察与表达、培养阅读兴趣及听说能力。同时，家长和教师应保持耐心，采用科学方法，鼓励孩子多交流，逐步提升语言能力。

培养孩子的逻辑能力有什么诀窍？

培养孩子的逻辑能力，家长可以尝试以下方法：一是提供具体的实物，如积木、拼图等，让孩子通过动手操作来思考问题；二是讲述有趣的故事，引导孩子发现其中的逻辑关系；三是与孩子玩逻辑思维训练游戏，如推理游戏、分类游戏等；四是鼓励孩子参与问题解决的过程，培养其独立思考和批判性思维的能力；五是通过阅读不同类型的书籍和文章，培养孩子的阅读理解能力和逻辑思维能力。

家长应该鼓励孩子多问“为什么”，培养孩子的好奇心和探究精神，有助于孩子形成自己的逻辑思维体系。通过这些方法的综合运用，孩子的逻辑能力将得到全面而有效的提升。

趣味小贴士

逻辑能力同样是一个人的核心能力，也是一个孩子成为学霸的必要阶梯。逻辑能力强的人，不仅擅长理科学习，文科学习同样也不会落于人后。

名师点拨

培养孩子的逻辑能力，需注重以下诀窍：采用多样化教学手段，如逻辑游戏、分类练习等；结合孩子兴趣，引导其主动探索；重视基础知识积累，为逻辑推理提供支撑；同时，鼓励孩子提出问题、分析问题，并尝试解决，以提升其逻辑思维能力。

为什么孩子做事总是笨笨的？

孩子做事笨笨的，可能是因为缺乏足够的实践机会和经验积累。在日常生活中，父母可以为孩子创造更多动手操作的机会，如参与家务、制作手工艺品等，让孩子在实践中学习和成长。同时，父母应鼓励孩子面对困难和挑战，而不是急于替孩子解决问题，这样孩子才能学会独立思考和解决问题。此外，父母还应耐心引导孩子，避免因为孩子一时的失误而批评或嘲笑，以免打击孩子的自信心。通过这些方法，孩子在不断的尝试和错误中积累经验，逐渐提高做事的效率和质量。

趣味小贴士

孩子做事显得笨笨的，可能是因为他们还在学习新技能，需要时间熟练。试试用小故事鼓励他们不怕犯错，把任务分几步，每完成一步就给予小奖励。

名师点拨

许多伟人在童年时也显得笨笨的，如爱因斯坦、爱迪生等，但他们通过后天的努力和坚持取得了卓越成就。孩子的发展具有多样性，不应仅凭一时表现评判。家长应耐心引导，鼓励孩子发挥潜能。

如何培养孩子的自律能力？

培养孩子的自律能力，家长可从以下几方面入手：首先，家长要以身作则，树立良好榜样。其次，和孩子一起制定规则和计划，如学习时间、娱乐时间等，让孩子明确目标。再次，当孩子遵守规则时给予及时表扬和奖励，增强其积极性。复次，引导孩子学会自我管理，如自己整理书包、安排作业顺序等。最后，给孩子一定的自主空间，让他们在实践中逐渐学会自我约束，从而不断提升自律能力，为未来的学习和生活奠定坚实的基础。

趣味小贴士

设定小目标，奖励达成；家长作则，共定规则；趣味计时，专注学习；自律之星，鼓励前行。

名师点拨

培养孩子自律能力从教育层面上应树立规则意识，引导自我管理，鼓励设定并坚持目标，创造有序学习环境，以及适当奖励完成任务的行为。重要的是保持教育方法的平衡与灵活性。

孩子不会拒绝别人怎么办？

教会孩子拒绝，是父母的必修课。学会拒绝，是每一个孩子都需要学会的一种社交和捍卫自己权益的技巧。培养孩子的自主意识，少给孩子贴上拒绝就是“敌意”的标签。一个人之所以害怕拒绝，是因为他对拒绝的认知一直停留在“敌意”的认识层面上，所以才会一直退让，不敢拒绝。家长要让孩子明白：拒绝，并不意味着一段关系的结束，而是被尊重的开始。

趣味小贴士

孩子不会拒绝别人时，可教他们简单的“魔法语句”，如“我需要先考虑一下”或“我现在有点忙，等会儿帮你”。通过角色扮演练习，让孩子学会温柔而坚定地表达自己的意愿。

名师点拨

孩子不会拒绝别人，家长需引导其认识自我价值，学会坚定表达。通过角色扮演等趣味方式，教孩子礼貌而明确地拒绝不合理要求。同时，家长自身也应做好榜样，展示恰当的拒绝方式，帮助孩子树立健康的人际交往观。

如何培养孩子的独立能力？

从培养孩子自理能力和劳动能力开始，如让孩子自己穿衣、吃饭、整理玩具等，家长逐渐放手，鼓励孩子独立完成更多的事情，培养他们的独立性和自信心。

通过设定小目标和奖励机制，激励孩子完成任务。例如，当孩子能够独立完成一项家务时，给予适当的表扬或小奖励，以增强他们的成就感。同时，家长应该耐心地指导孩子，让孩子在实践中学习解决问题的方法，而不是代劳。此外，家长可以鼓励孩子参与决策过程，比如选择周末的活动或购买学习用品，让孩子感受到自己的意见被重视，从而增强其独立思考的能力。

趣味小贴士

让孩子参与家务，如整理玩具、摆餐具，感受独立完成任务的成就感。设置“独立时间”，鼓励孩子自己安排活动，如阅读或画画。多鼓励，对孩子的小进步表示赞赏。

名师点拨

很多英雄伟人，如岳飞、文天祥等，他们从小便展现出强烈的独立精神和责任感。家长可以讲述他们的故事，激励孩子树立独立意识，勇敢面对挑战，成长为有担当的人。

怎么让孩子喜欢上阅读?

设立一个温馨的阅读角，培养孩子良好的阅读习惯。选择适合孩子年龄和兴趣爱好的书籍，丰富书籍选择，激发孩子的阅读兴趣。同时，家长也要以身作则，经常阅读，为孩子树立榜样。

定期安排家庭阅读时间，让阅读成为家庭活动的一部分。在阅读时间里，家长可以和孩子一起讨论书中的内容，分享彼此的见解，这样不仅能增进亲子关系，还能提高孩子的理解力和表达能力。此外，参加图书馆的阅读活动或故事会，让孩子在群体中感受阅读的乐趣，也是培养孩子阅读兴趣的有效方法。

趣味小贴士

想让孩子爱上阅读，不妨从孩子感兴趣的书籍入手，比如动漫、科普等。还可以与孩子一起朗读，增加互动性。设立阅读角，营造温馨舒适的阅读环境。

名师点拨

创造阅读氛围，提供丰富读物；引导孩子兴趣，定期分享读书心得；设定阅读时间，鼓励制订计划；利用多媒体，创新阅读方式；及时表扬成果，激发阅读热情，让孩子爱上阅读。

孩子总是沉迷于电子产品怎么办？

家长要以身作则，减少自己在孩子面前使用电子产品的时间。制定合理的规则，限制孩子使用电子产品的时间和内容。引导孩子参与其他有益的活动，如户外运动、绘画等，丰富他们的生活体验。

同时，家长可以与孩子一起设定目标，比如完成作业后可以玩一定时间的电子游戏，这样可以让孩子学会自我管理。此外，家长应鼓励孩子发展个人兴趣，如音乐、科学实验等，这些活动不仅能够减少孩子对电子产品的依赖，还能够促进其全面发展。

趣味小贴士

孩子沉迷于电子产品时，家长可设定使用时间限制，鼓励孩子参与户外活动和社交，提供替代玩具和游戏，共同阅读或进行亲子活动，以身作则减少自己使用电子产品的时间。

名师点拨

能够给孩子树立榜样的，可以是家人、朋友、社区领袖或者公众人物。他们应该展现出对现实生活的热爱、对知识的追求以及对健康的重视。通过让孩子与这些榜样接触、交流，了解他们的生活和价值观，可以激发孩子对生活的热爱和对未来的憧憬。

如何正确培养孩子的兴趣爱好？

了解孩子的喜好和特长，因材施教。提供多种尝试的机会，让孩子在实践中发现自己的兴趣所在。鼓励孩子坚持练习，培养毅力和耐心，让兴趣爱好成为他们成长道路上的助力。

同时，家长应积极参与孩子的兴趣活动，给予适当的指导和鼓励，但避免过度干预，以免造成孩子的依赖或压力。通过共同参与，家长可以更好地理解孩子的兴趣点，从而提供更有针对性的支持。此外，家长还应鼓励孩子与同龄人交流分享，通过社交活动来丰富孩子的兴趣体验，促进其社交技能的发展。

趣味小贴士

家长耐心陪伴，共同探索，给予正面反馈，增强孩子自信心。让孩子在快乐中学习成长，逐渐形成自己的特长与爱好。

名师点拨

王羲之痴迷书法，终成大家；李白热爱诗词，游历山河，留下千古绝唱。培养孩子的兴趣爱好，激发孩子热情，同时注重因材施教，鼓励探索，让孩子在榜样引领下发现自我，追求卓越，孩子一定会越来越优秀。

孩子学习能力差怎么办？

孩子学习能力差的原因包括上课不认真、缺乏学习计划、学习三心二意及情绪波动大。为提高其学习能力，家长需找到适合孩子的学习方法，如游戏化、视觉化学习等，并不断调整改进。同时，通过课外活动、自主探索培养孩子学习兴趣，激发他们的学习动力。家长要理解孩子学习困难，耐心引导，帮助他们建立自信心和学习动力，让孩子在学习中感受到乐趣和成就感。

家长可以利用多媒体资源，如教育视频、互动软件等，使学习内容更加生动有趣，提高孩子的学习积极性。家长应为孩子创造一个安静、整洁的学习环境，减少干扰，帮助孩子集中注意力。

趣味小贴士

孩子学习能力差？别担心！试试趣味学习法，如游戏化学习、故事讲解。设定小目标，每达成一个目标就给予小奖励。与孩子一起找适合他的学习方法，让学习变得有趣又高效！

名师点拨

孩子学习能力差，首先要了解孩子的学习特点和需求，因材施教。其次要培养孩子的学习兴趣和动力，通过趣味教学激发孩子的好奇心。同时，教授有效的学习策略，帮助孩子建立良好的学习习惯。家长和教师要耐心引导，多鼓励。

如何帮助孩子养成良好的学习习惯？

1. 设定合理的学习计划，让孩子参与到计划的制订中来，这样他们更有可能遵守并完成任务。

2. 利用图表和进度条等可视化工具，帮助孩子直观地看到自己的学习进度和成就，从而增强学习动力。

3. 定期与孩子一起回顾学习成果，表扬进步，讨论遇到的困难，并共同寻找解决办法。

4. 鼓励孩子在学习中提出问题，并引导他们自己寻找答案，培养解决问题的能力。

5. 通过角色扮演、模拟游戏等互动方式，使学习内容更加生动有趣，提高孩子的参与度和兴趣。

趣味小贴士

设定学习奖励机制，如星星贴纸；用故事激励，讲名人勤学故事；定时学习，用沙漏计时；打造专属学习角，装饰孩子喜欢；让学习游戏化，寓教于乐。

名师点拨

从教育技巧层面看，帮孩子养成良好的学习习惯，可设定明确目标，采用游戏化学习增趣，定期反馈进步，营造专注环境，鼓励自主学习，以身作则示范，让孩子在乐趣中培养自律，形成良好习惯。

孩子无法控制情绪怎么办？

家长需要耐心引导，教会孩子识别和管理自己的情绪。通过情景模拟、角色扮演等方式，让孩子学会在情绪发作时冷静思考，找到解决问题的方法。同时，家长也要以身作则，展现出积极、理性的情绪管理态度。

此外，家长可以和孩子一起制订情绪管理计划，比如情绪日记，让孩子记录下每天的情绪变化和触发因素，这样有助于孩子更好地理解自己的情绪模式。同时，家长应鼓励孩子表达自己的感受，而不是压抑或忽视它们。在孩子成功管理情绪时，给予积极的反馈和奖励，以增强孩子的自信心和自我效能感。通过这些方法，孩子可以逐渐学会控制情绪，形成健康的情绪反应机制。

趣味小贴士

通过情绪小卫士游戏，认识喜怒哀乐。情绪日记记录每日心情，学会表达感受。学会深呼吸、数数等，冷静小技巧。正向激励，情绪管理好就奖励。家长耐心引导，情绪教育不可少！

名师点拨

当孩子无法控制情绪时，可采取共情法理解孩子的情绪，通过深呼吸、数数等方法帮助平复；设立情绪管理小目标，达成目标后给予奖励；引导孩子用绘画、写日记等方式表达情绪；家长需以身作则，展现良好的情绪管理能力。

怎样改掉孩子半途而废的恶习？

设定小目标，让孩子在完成每个小目标后都能获得成就感。给予适当的奖励和鼓励，激发孩子的坚持动力。同时，引导孩子理解坚持的重要性，培养他们的毅力和恒心。在遇到困难时，教会孩子如何面对和克服挑战。

通过具体例子和情景模拟，帮助孩子在实际生活中体验坚持的价值。例如，家长可以和孩子一起种植植物，让孩子负责浇水和照料，体验从种子到开花的整个过程，从而理解持之以恒的重要性。此外，家长应避免过度保护，允许孩子在安全的范围内尝试和犯错，因为从错误中学习是成长的重要部分。通过这些方法，孩子将逐渐建立起面对挑战的自信和解决问题的能力。

趣味小贴士

设定小目标，激发成就感；讲述坚持故事，激励孩子；制作进度表，直观展示进度；教孩子学会情绪管理，避免冲动放弃；家长陪伴，共同面对挑战；树立榜样，展现坚持价值。

名师点拨

改掉孩子半途而废的恶习，在教育技巧上需分解任务为小目标，逐步完成；用故事激励坚持精神；制作进度表，增强信心；教孩子学会情绪管理，避免冲动；家长陪伴鼓励，共克难关；寻找坚持榜样，激发潜能。多管齐下，助孩子养成坚持的好习惯。

孩子过于自我怎么办?

孩子过于自我，家长需耐心引导。首先，要培养孩子的同理心，让他们学会从他人的角度思考问题，理解他人的感受。可以通过角色扮演、故事讲述等方式，让孩子体验不同的角色和情感。其次，家长要以身作则，展现出尊重他人、关心他人的态度。再次，鼓励孩子参与集体活动，与同龄人交流互动，学会分享和合作。在适当的时候，也要给予孩子一定的挫折教育，让他们明白以自我为中心并不总是可行的，从而逐渐调整自己的行为模式。

最后，家长应鼓励孩子表达自己的感受和需求，但同时也要教会他们如何在不伤害他人的前提下表达。通过这样的互动，孩子不仅能够学会如何与他人和谐相处，还能够在社交环境中建立积极的人际关系。

趣味小贴士

没有从分享中获得好处与乐趣的孩子，会天然地抗拒分享。所以想要让孩子懂得分享，就要奖励孩子恰当的分享行为，同时帮助孩子分清分享与赠予的界限。

名师点拨

孩子过于自我，可借鉴历史人物的智慧。如孔子强调“仁爱”，教导孩子关心他人；杨修因过于自我而遭祸，警示孩子需谦逊。家长应引导孩子学习历史人物的优点，反思自我，培养健康自我观念。

怎么让孩子适应竞争环境？

要让孩子适应竞争环境，家长可以培养他们的自信心和抗压能力。通过赞扬和肯定，让孩子感受到自己的价值，同时鼓励他们参与活动，锻炼技能和能力。此外，教会孩子如何面对失败，从失败中汲取经验，不断自我提升。

在孩子遇到挫折时，家长应给予适当的安慰和支持，帮助他们分析失败的原因，而不是简单地批评或责备。通过这样的方式，孩子能够学会从错误中学习，提高解决问题的能力。同时，家长还应该鼓励孩子设定合理的目标，并为实现这些目标而努力，这样孩子在追求目标的过程中，就会逐渐建立起面对竞争的勇气和决心。

趣味小贴士

让孩子适应竞争环境，玩团队游戏学合作，如接力赛；设家庭小竞赛，端正输赢心态；讲竞争与合作故事，平衡两者；鼓励参加兴趣班，提升技能增自信；引导孩子正确看待胜负。

名师点拨

想让孩子适应竞争环境，需培养其乐观态度，鼓励互相学习；同时注重全面发展，激发兴趣与潜能；教育孩子正确面对失败，培养韧性。通过科学教育，助力孩子自信应对竞争。

如何培养孩子的抽象思维？

培养孩子的抽象思维，可从生活实例入手，用实物解释抽象概念；鼓励孩子提出“为什么”，引导他们理解事物本质。数学游戏、逻辑谜题及创造性写作也是有效工具，能锻炼逻辑推理和想象能力。此外，可让孩子续编故事结局、复述所见所闻，或进行环环相扣的问题引导。看图改正错误和鼓励幻想也能提高认知和辨别能力，激发创造力。

通过这些活动，孩子不仅能够学会如何思考问题，还能够提高解决问题的能力。例如，家长可以和孩子一起玩“假如”游戏，提出各种假设性问题，让孩子思考并回答，如“假如你是一只鸟，你会怎样飞到月亮上去？”这样的游戏能够激发孩子的想象力，同时锻炼他们从不同角度看待问题的能力。

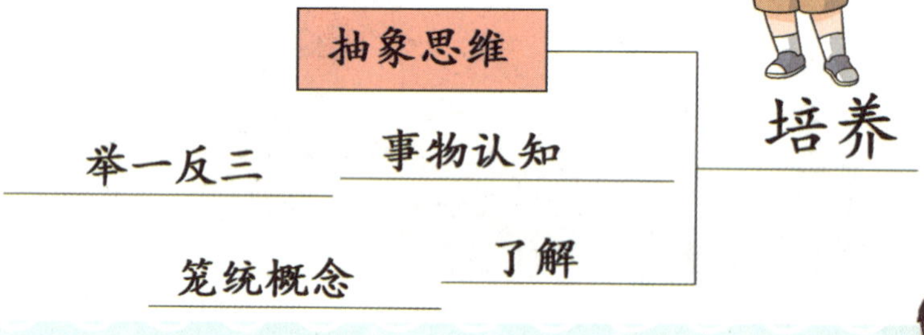

趣味小贴士

带孩子阅读《说文解字》，探索趣味知识，培养抽象思维。汉字不仅仅是抽象的符号，它们还具有形象性，能够通过象形、指事、会意等方式直观地表达意义。

名师点拨

语言和思维紧密相连，丰富的语言训练促进孩子抽象逻辑思维培养。避免儿语，丰富词汇，正确表达思想。鼓励孩子提问、解决问题，耐心回应好奇探索，激发思考欲望。通过语言与提问，有效提升孩子的思维能力和探索精神。

孩子不愿意吃苦怎么办？

培养孩子的动手能力，从小事做起；多带孩子接触新环境，提升适应能力；设置生活挫折和障碍，如家务，以奖励调动积极性；磨炼意志，锻炼耐力，如参与长跑等体育运动。这些方法能帮助孩子克服不愿吃苦心理，培养其独立性和解决问题的能力。

在家庭环境中，父母可以创造一些小挑战，比如让孩子自己整理玩具、打扫房间，或者参与家庭的日常事务，让孩子在完成任务的过程中体会到成就感。同时，父母应该鼓励孩子面对困难和失败，而不是立即给予帮助，这样孩子才能学会独立思考和解决问题。此外，通过体育活动，如游泳、骑自行车等，孩子不仅能够锻炼身体，还能够在克服身体疲劳和心理压力的过程中，增强吃苦耐劳的精神。

趣味小贴士

可以尝试“小小农夫”游戏培养孩子吃苦精神。让孩子扮演农夫，体验种植、浇水、除草等农活，了解食物来之不易。

名师点拨

从教育层面注意以下四点：1. 因材施教，培养擅长领域成就感；2. 循循善诱，分享励志故事激发动力；3. 以身作则，展示吃苦耐劳精神；4. 鼓励奖励，增强自信积极性。多种方式结合，激发学习兴趣和吃苦耐劳的精神。

如何提高孩子的智商？

通过解决各种益智游戏和谜题，可以有效锻炼孩子的逻辑思维能力。例如，拼图游戏、数独、象棋等，这些活动能够提高孩子的空间想象力和策略规划能力。同时，鼓励孩子阅读科普书籍和参与科学实验，可以增强他们对世界的好奇心和探索欲，从而促进智力的发展。此外，家长可以引导孩子进行一些记忆训练，如记忆数字、单词或故事，以提高他们的记忆力。通过这些综合性的训练，孩子的智商将得到全面提升。

趣味小贴士

提高孩子智商的优秀小游戏有“音乐识别”，让孩子听音乐并识别元素，可锻炼大脑整合信息能力；“我说你做”，家长下指令孩子执行，增强其记忆力和信息处理能力。

名师点拨

提高孩子智商的关键在于提供丰富多样的学习体验。应鼓励孩子探索环境，培养其自主学习能力；通过音乐和绘画等艺术活动开发右脑；引入合理的运动，促进身体和智力协调发展。

如何增强孩子的体质？

要增强孩子的体质，家长可以确保孩子饮食均衡、营养丰富，同时鼓励他们进行适量的户外运动。保持充足的睡眠和摄入足够的水分也对增强体质有益。此外，关注孩子的心理健康，也有助于提升整体体质。

家长还可以通过定期安排孩子参加体育活动或运动课程，如游泳、足球、篮球等，来增强孩子的体质。这些活动不仅能提高孩子的身体素质，还能培养孩子的团队合作精神和竞争意识。同时，家长应避免孩子长时间使用电子设备，以免影响孩子的视力和身体健康。通过这些综合措施，孩子不仅能在身体上得到锻炼，还能在心理上获得成长，从而全面提升体质。

趣味小贴士

设计寻宝游戏结合跑步，让孩子在游戏中锻炼；利用跳绳、踢毽子等传统游戏，增加活动量；周末安排户外探险，如徒步、骑行，亲近自然；设置家庭运动挑战，激发孩子参与热情。

名师点拨

从教育层面分析，增强孩子的体质需注重以下几点：保证营养均衡，引导孩子合理饮食；加强体育锻炼，设置多样化运动项目；确保充足睡眠，培养良好作息习惯；深化体育教育改革，完善体育课程及评价方式。

为什么跟孩子做朋友的父母最省心？

跟孩子做朋友的父母最省心，因为他们更容易理解孩子的需求和想法，与孩子建立起信任和沟通的基础。这种亲子关系有助于孩子形成健全的人格和健康的心理状态，减少叛逆和冲突，使家庭教育更加顺畅和有效。

在这样的亲子关系中，父母能够更加敏感地察觉孩子的情绪变化，及时给予支持和引导。孩子也更愿意向父母敞开心扉，分享自己的快乐和困扰。父母作为朋友，可以成为孩子成长道路上的良师益友，共同面对挑战，享受成长的喜悦。此外，这种平等的交流方式有助于培养孩子的自主性和责任感，使他们在面对问题时能够独立思考，作出明智的决策。

趣味小贴士

倾听孩子心声，尊重其意见；共同参与活动，如阅读、游戏，增进亲密感；保持童心，理解孩子世界；适度放手，让孩子自主决策；分享你的经历，建立信任桥梁。

名师点拨

从教育理论分析，父母和孩子做朋友可以增进亲子间的理解和信任，促进孩子的情感发展和社交技能提升。这种平等、尊重的亲子关系有助于培养孩子的自信心和独立性，同时增强家庭凝聚力，为孩子的健康成长打下坚实的基础。

为什么家庭教育会影响学校教育？

家庭教育会影响学校教育，因为家庭教育是孩子接受教育的起点和基础。家庭氛围、亲子关系和教育方式等都会对孩子的性格、价值观和行为习惯产生影响。这些特质将直接影响孩子在学校中的表现和适应能力。良好的家庭教育能够为学校教育提供有力支持，促进孩子的全面发展。

相反，如果家庭教育存在缺陷，如溺爱、忽视或严厉惩罚，孩子可能会形成消极的性格特征，如依赖性、攻击性或自卑感。这些性格特征会妨碍孩子在学校的学习和社交，导致适应困难。因此，家庭教育的质量直接关系到学校教育的效果，两者相辅相成，共同塑造孩子的未来。

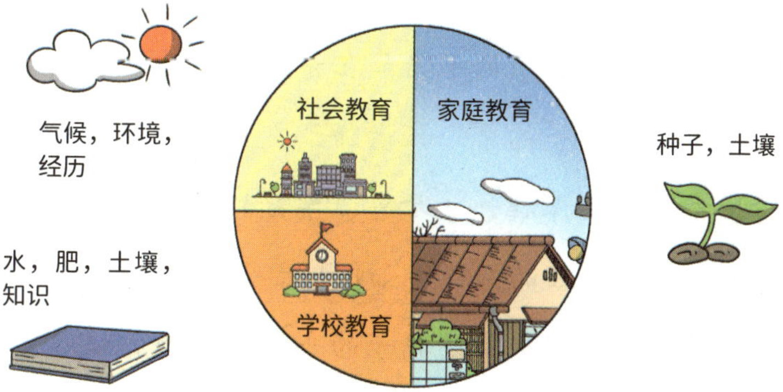

趣味小贴士

家庭是孩子最初接触的社会环境，家长的教育观念、方式及家庭氛围都会影响孩子的性格、习惯和学习态度。这些基础因素会延续到学校，影响孩子的学习效果和与师生的互动。

名师点拨

家长配合学校教育的方法包括：积极与老师沟通，了解孩子在校表现；参与学校活动，增进家校联系；在家营造良好的学习氛围，鼓励孩子自主学习；培养孩子良好的生活习惯和学习习惯，以支持学校教育，共同促进孩子全面发展。

♥总结♥

首先，这些课程涵盖了孩子成长的多个方面，包括安全教育、劳动教育、礼仪教育、情绪管理、艺术教育、生命教育、爱自己、文化科学教育、家庭以及语言与沟通技能等。这些课程旨在帮助孩子建立全面的知识和技能体系，为他们未来的成长打下坚实的基础。

其次，这些课程强调了父母在养育孩子过程中的重要性和责任。父母不仅是孩子的第一任老师，更是他们成长道路上的引路人。通过参与这些课程，父母可以学习到如何更好地引导孩子、如何与他们建立有效的沟通、如何培养他们的品德和能力等。

最后，这些课程也注重孩子的个性和兴趣的培养。通过因材施教、了解孩子的喜好和需求，父母可以帮助孩子发掘自己的潜能和兴趣，培养他们的自信心和创造力。总之，父母养育孩子的28堂必修课是综合性的教育体系，旨在帮助孩子全面成长，培养他们的品德、能力和兴趣。

青春期
的常见问题

如何让孩子时刻对自己敞开心扉？

要让孩子时刻对自己敞开心扉，家长需做到耐心倾听，不打断、不批评。营造轻松的家庭氛围，多与孩子分享自己的经历和感受，让孩子感受到平等与信任。平时多花时间陪伴孩子，参与他们的活动，用爱和理解打开孩子的心扉。

趣味小贴士

要让孩子敞开心扉，可尝试趣味小游戏增进信任。如气球宣泄游戏，释放负面情绪；蒙眼障碍穿越，增进信任；面部传饼干，锻炼反应力；合作运球，促进手眼协调。

名师点拨

营造轻松的家庭氛围，鼓励孩子表达感受，家长倾听不打断。展现同理心，提供具体支持而非说教。培养自我解决问题能力，多样化沟通方式如写信、画画等。鼓励孩子参与家庭决策，增强责任感与归属感，促进信任与沟通。

父母要怎么尊重孩子的隐私？

尊重孩子的个人空间，不随意翻看其私人物品；保护孩子的个人信息，避免泄露或滥用，并教育孩子自我保护；尊重孩子的隐私权，不偷看其日记、聊天记录等；同时，教育孩子尊重他人隐私，不私自拍摄或泄露他人信息。与孩子建立信任关系，让他们愿意分享想法和感受。将孩子视为独立个体，给予必要的个人空间与自由，通过平等对话了解其隐私需求，设定合理的家庭规则，明确隐私与家庭事务的界限，以增进相互理解与尊重。

趣味小贴士

敲门再进孩子房间，设立专属“隐私角”，玩“分享趣事换密码”游戏，讲尊重隐私故事，设家庭隐私日分享小事。让孩子在轻松氛围中学会尊重和保护自己的隐私。

名师点拨

父母尊重孩子的隐私，需认识到孩子是独立个体，享有隐私权，应通过平等沟通，建立信任，共同维护隐私边界，促进孩子健康成长。

如何正确应对孩子的叛逆行为？

正确应对孩子的叛逆行为，家长需保持冷静耐心，理解叛逆为成长阶段，避免急于批评惩罚。倾听沟通，积极倾听孩子心声，了解叛逆原因，寻求解决方法。设定明确规则，与孩子共定家庭规则，以身作则，严格遵守。给予自主权，在非原则问题上，让孩子自主决策，锻炼独立思考能力。通过上述方法，家长能更好地理解和应对孩子叛逆行为，促进孩子健康成长，培养其独立解决问题的能力。

趣味小贴士

应对孩子叛逆，保持冷静，用幽默化解紧张；倾听孩子心声，给予表达空间；设立明确规则，鼓励孩子参与决策；开展共同活动，增进亲子关系；适时表扬，增强孩子自信心。

名师点拨

应对孩子叛逆，名师从教育理论角度指出，需理解叛逆为成长必经阶段，运用沟通技巧倾听孩子心声。在教育技巧上，应设定合理规则，适当放手，鼓励孩子独立思考与解决问题，以引导其健康成长。

孩子模仿家长的不良习惯怎么办？

父母应以身作则，注意言行举止，避免不良习惯影响孩子。设定规则和限制，减少孩子模仿不良行为的机会。引导孩子模仿正面形象，如警察或英雄，教育孩子学习勇敢和正义精神。鼓励独立性和创造性，让孩子发表不同意见，培养创造性思维。定期与孩子沟通。

趣味小贴士

当孩子模仿家长的不良习惯时，家长应自我反省，改正自身行为。同时，明确告诉孩子哪些行为不可模仿，树立正面榜样。通过亲子活动、故事等方式，引导孩子学习好习惯。

名师点拨

孩子模仿不良习惯时，需要家长耐心纠正，正面引导模仿积极行为；家长应以身作则，改正自身不良习惯。加强沟通，了解模仿原因；培养批判性思维，判断行为价值；重视品德教育，培养正确价值观。

如何教育偷拿家里钱财的孩子？

保持冷静：发现孩子偷拿钱时，家长应尽量保持冷静，避免立即指责或过度惩罚。过度反应可能让孩子产生防御心理，甚至隐瞒事实。开诚布公地谈话：与孩子进行真诚的对话，了解他们为什么会偷拿钱。倾听孩子的解释，避免打断或立即批评。建立信任和沟通：选择安静的时间和地点，与孩子进行平静的对话，表达对行为的关注和失望，让孩子感受到关心和理解。教授正确的金钱观：让孩子树立良好的金钱观，合理分配零花钱，避免一次性给太多或太少。

趣味小贴士

当发现孩子偷拿钱时，家长应先冷静沟通，了解其背后原因。通过故事教育，如“诚实的孩子”故事，强调诚实重要性。设立奖励制度，鼓励正面行为。加强亲子互动，让孩子感受到爱与信任。

名师点拨

发现孩子偷拿钱，从教育技巧与理论方面分析，家长应保持冷静，运用“辣椒”（适度惩罚）与“糖”（正面引导）结合的方法。明确告知偷窃的错误，设立规则，同时加强亲子沟通，用爱与理解引导孩子树立正确的价值观。

孩子对陌生人缺乏提防心怎么办？

这可能是由于他们的社会经验不足，以及对世界的好奇心驱使他们对周围的人和事充满探索欲。家长和教育者需要通过教育和引导，帮助孩子建立基本的安全意识，学会如何在不同情境下保护自己。例如，教育孩子不要轻易接受陌生人的礼物，不跟陌生人走，以及在遇到不安全的情况时如何求助。同时，家长应该与孩子建立良好的沟通渠道，让孩子知道在遇到问题时可以信赖父母、寻求帮助。

1

2

趣味小贴士

试试趣味小游戏，如“谁是陌生人”角色扮演，增强识别能力。教会孩子“安全密码”，仅对信任的人透露。遇到陌生人保持距离，感到不安全时及时找家长或警察求助。

名师点拨

从教育层面看，家长应培养孩子对陌生人的警觉性，通过故事、实例等强化安全意识。在技巧方面，可以设定“安全密码”，仅对信任的人透露，同时教会孩子遇到陌生人时的应对话术，并鼓励他们感到不安全时及时寻求帮助。

青春期早恋该如何预防？

预防早恋，家长应指导孩子与异性保持适当距离，明确告诉孩子不谈恋爱，但可以友好相处。合理的尺度在于责任与担当，让孩子理解这个道理就能有效避免孩子早恋。对于孩子对异性的好感，应疏导而非压制，鼓励参加集体活动是个好方法。家长可提供活动条件，支持孩子发展兴趣，通过集体活动满足交往需求，防止过分亲近，分散孩子精力，帮助他们结交更多朋友，将注意力从对异性的好感转移开，从而有效预防早恋现象的发生。

趣味小贴士

告诉孩子：与异性相处，保持适当距离，可以友好但别过界。多参加集体活动，结交更多朋友，让友谊的小船载你远航。家长多关心、多沟通，让孩子感受到家的温暖！

名师点拨

从教育层面而言，预防青春期早恋需加强性教育，明确恋爱界限。从教育技巧上来说，应多沟通、多理解，引导孩子参与集体活动，培养健康爱好，以友情替代恋情，同时监管网络使用，共同预防早恋。

孩子出现厌学情绪怎么办？

孩子厌学需寻因，如压力大、方法不当、缺乏兴趣、家庭环境不佳或社交问题。改善方法包括：沟通减压，帮孩子找适合的学习方法，调整教学方式和内容以激发兴趣，改善家庭氛围，鼓励社交。若孩子心理问题明显，应就医治疗，如森田疗法、音乐疗法等，并多参加课外活动调整心态。

趣味小贴士

孩子厌学别心急，先找原因再应对。沟通是关键，减压、找对方法、调内容，让学习变得有趣。家庭氛围要和谐，鼓励社交多参与。若情绪难控，专业医生来帮忙。耐心陪伴，共同成长。

名师点拨

孩子出现厌学情绪，教育理论指出需深入了解其内心需求。家长应运用教育心理学原理，与孩子沟通，发现厌学根源，如压力、方法或兴趣问题。随后，采取针对性措施，如调整期望、优化环境、激发兴趣，辅以专业辅导，帮助孩子重拾学习乐趣。

如何培养孩子的人生目标?

引导孩子了解自己，鼓励积极探索尝试，培养正确人生观和价值观。制定可行目标与计划，鼓励坚持不懈，提供正确反馈和鼓励。培养清晰目标意识，鼓励多元发展与综合素质培养。提供职业导向与实践机会，引导孩子积极面对挑战，培养适应能力。家长通过这些方法，帮助孩子树立并实现人生目标，拓宽视野，发掘潜力，保持正确行为态度，提高自信心和执行力，促进全面发展。同时，注重孩子品德、社交、领导才能培养，为未来做好准备。

趣味小贴士

培养孩子人生目标，多沟通了解孩子兴趣，鼓励尝试新事物找热情所在。共同设定短期与长期目标，引导树立正确价值观。多讲名人故事启发，提供实践机会体验。

名师点拨

从教育层面而言，培养孩子人生目标需注重引导其自我认知，激发内在动力。通过启发式教育、生涯规划等方法，帮助孩子发现兴趣与潜能，树立正确价值观，形成明确目标，并培养坚韧不拔的精神，为未来人生奠定坚实的基础。

孩子无法应对逆境怎么办?

0～6岁学前期：这个阶段的孩子身体发育不成熟，应对挫折的意志力和抵抗力差。家长可以通过日常生活中的小事让孩子体验失败，逐渐培养他们的抗挫折能力。

6～12岁学龄期：这个阶段的孩子心理内部稳定性较差，承受能力有限。家长可以通过分享自己的失败经历，改变对失败的观念，让孩子学会从失败中吸取经验。

12～18岁青春期：这个阶段的孩子身心快速发展，渴望独立，但心理发展速度有时晚于生理发展速度。家长可以通过分享自己的失败经历和克服困难的方法，鼓励孩子积极面对挫折。

趣味小贴士

当孩子面临逆境时，试试“挫折角色扮演”游戏。家长模拟挫折情境，孩子想办法应对。鼓励孩子写“逆境日记”，记录困难与解决思路。带孩子户外探险，面对小挑战，如跨越小溪。

名师点拨

孩子若难以应对逆境，家长与老师应协同引导。先给予情感安抚，让孩子有安全感。随后逐步引导其分析逆境成因，将大困难分解成小问题。鼓励孩子从过往成功经历汲取信心，同时树立积极榜样，讲述励志故事。

青春期孩子学习缺乏专注力怎么办？

青春期孩子精神不集中时，可通过行为训练和心理治疗来改善。家长应进行行为训练，纠正孩子不当行为，培养良好行为方式，从而规范其行为，提升注意力。若情况较严重，可寻求专业心理医生帮助，通过心理治疗让孩子理解心理健康的重要性，并给予鼓励，逐步进行心理干预。此外，家长应加强教育和正向引导，确保孩子充足睡眠，多放松身心，以纠正不良行为，提升精神集中能力。

趣味小贴士

青春期孩子学习缺乏专注力，可尝试通过趣味小游戏（如“舒尔特方格”）加以提升。同时，保持学习环境整洁，设定明确学习目标，适时休息放松，家长多鼓励，少干扰。

名师点拨

青春期孩子学习缺乏专注力，名师建议：在教育层面要了解孩子，树立正确观念；在教育技巧层面要创造良好环境，制订学习计划，采用多样教学方式，及时鼓励、奖励。家长和教育者应从两方面入手，共同提升孩子学习专注力。

孩子花钱无节制怎么办？

孩子花钱无节制，原因包括缺乏金融素养、受同龄人影响、过于自信及家庭环境熏陶。解决方法有：树立正确的金钱观念，让孩子明白零花钱的意义；家长以身作则，避免炫耀财富，监督孩子网络消费；让孩子体验父母工作艰辛，知道赚钱不易；制订消费计划，坚守约定，培养孩子理财意识；理财教育要按年龄段培养，5岁前认识金钱，6～11岁学会理智消费，12岁以后计划消费并学习赚钱知识。通过这些方法，帮助孩子树立正确的金钱观，培养良好的消费和理财习惯。

趣味小贴士

孩子花钱无节制，可以试试趣味小游戏，如“零花钱大挑战”，模拟消费场景，教孩子规划预算。还有“储蓄罐寻宝”，鼓励孩子存钱，设定小目标赢奖励。

名师点拨

孩子花钱无节制，教育层面需技巧。树立正确金钱观，家长以身作则；采用模拟消费游戏，增强理财意识；制订家庭消费计划，培养节约习惯。通过教育引导，让孩子学会理性消费，管理财务，健康成长。

如何帮孩子戒掉“网瘾”？

首先，家长需深入了解孩子沉迷网络的根源，这可能源于现实生活中刺激与满足感的缺失。因此，家长应鼓励孩子参与更多户外及社交活动，以充实他们的现实体验。其次，家长应与孩子共同制定合理的上网时间表，限制上网时长，确保孩子有充足时间用于学习、休息以及与家人和朋友的互动。此外，家长可以运用家长控制软件监控和管理孩子的上网行为，避免他们接触不适当的内容。最终，家长应与孩子开展开放且深入的对话，理解他们的兴趣和需求，引导他们树立正确的价值观和生活态度，帮助他们逐步减少对网络的依赖。

趣味小贴士

生理因素是上网成瘾的一个重要原因。长时间上网会使大脑中的多巴胺水平升高，这种化学物质令人短时间高度兴奋，产生快感。想要戒掉网瘾，学会接受“延迟满足”是根本。

名师点拨

帮孩子戒网瘾，需从教育技巧入手。增强亲子沟通，理解孩子需求；设定上网规则，培养自律意识；引导参与户外活动，发展多元兴趣；家长以身作则，树立良好榜样。耐心引导，科学戒瘾。

孩子总是不做作业怎么办？

孩子不做作业，原因多样：贪玩、缺乏兴趣、学习习惯不佳、环境因素干扰、心理问题及健康困扰。解决方法包括：与孩子真诚对话，了解原因；培养兴趣，将学习与爱好相结合；建立规律作业时间，培养自律；创造安静、整洁的学习环境；提供支持和指导，不代替完成作业；设立奖励机制，激发积极性；若存在心理问题，进行心理辅导。家长需耐心引导，帮助孩子克服困难，培养良好学习习惯，确保充足睡眠和均衡饮食，助力孩子健康成长，积极学习。

趣味小贴士

孩子不做作业？试试这些趣味方法！设定目标奖励，创造良好环境，培养自主学习。小游戏如“舒尔特方格”练专注，“字卡”游戏辨颜色，“找碴”游戏练观察，“听报数字”提记忆。

名师点拨

创造良好环境，减少干扰因素；引导自主学习，培养解决问题能力。家长耐心引导，孩子逐步养成良好学习习惯，高效完成作业不再是难题！

如何培养孩子的时间观念？

与孩子共制时间表，让其参与决策，增强遵守动力；设定明确目标与奖励，激发成就感；日常生活中培养时间意识，如看时钟估算任务时间；制订具体、合理且灵活的周、日及任务计划；教孩子认识时间概念和单位；规律作息，制订起床、吃饭、学习等时间表，培养良好习惯。

趣味小贴士

利用沙漏计时做事，感受时间流逝；制订每日计划表，贴纸奖励完成项；玩“时间侦探”游戏，找家中用时事物；教孩子看钟表，认识时间单位。寓教于乐，轻松树立时间观念！

名师点拨

培养孩子时间观念，教育层面需注重言传身教，家长应做好榜样。从教育技巧上看，可制定时间表、使用可视化工具、设定目标与奖励，以及引导孩子参与时间管理活动，让孩子在实践中逐渐领悟时间的重要性。

怎么提高孩子的做事效率？

提高孩子的做事效率，可从以下方面入手：建立规律生活习惯，确保稳定生物钟；创造专注学习环境，减少干扰；设定明确目标任务，分解步骤，设定时间；培养时间管理能力，使用计时器、时间表，区分任务优先级；鼓励积极行为，及时表扬，增强自信；提高学习兴趣，结合实际生活，激发学习乐趣；使用一分钟专项训练，如做题、写字等，让孩子体会时间宝贵，提高速度和效率，记录成绩，设定挑战目标。综合运用这些方法，有助于孩子提升做事效率，形成良好的学习和生活习惯。

趣味小贴士

想提高孩子的做事效率，试试这些趣味小游戏！玩“时间赛跑”游戏，设定任务限时完成。使用计时器，感受时间流逝。完成后给奖励，激发积极性。简单又实用！

名师点拨

提高孩子的做事效率，关键在于教育技巧。设定明确目标，分解任务步骤，使用计时器辅助。同时，家长要以身作则，引导孩子养成良好习惯，适时给予正向激励。这样，孩子的做事效率自然会得到提升。

孩子总是沉迷于幻想怎么办?

孩子总是沉迷于幻想，家长需耐心引导。首先，了解孩子幻想的内容，判断是否影响正常生活和学习。若未造成负面影响，可适当鼓励其发挥想象力。其次，丰富孩子的现实生活，多安排户外活动、阅读等有益身心的活动，以转移其注意力。最后，建立良好的沟通机制，倾听孩子的想法，鼓励其将幻想转化为实际行动，如写作、绘画等。此外，家长自己也要以身作则，减少虚幻娱乐，共同营造积极向上的家庭氛围。

趣味小贴士

玩“幻想实现”游戏，让孩子在游戏中“实现”梦想；或设定“幻想日记”，记录奇妙想法。鼓励社交活动，平衡幻想与现实，让孩子快乐成长。

名师点拨

孩子总沉迷于幻想，名师建议：首先，倾听并尊重孩子的幻想世界；其次，引导其通过写作、绘画表达幻想；同时，设计现实与幻想结合的活动，如角色扮演，平衡想象与现实。耐心引导，让孩子在幻想与现实间自由穿梭。

如何帮孩子增强自控能力？

为孩子制订明确时间表，增强自我控制。保证充足休息，鼓励运动，释放能量，提升专注。进行注意力训练，如拼图、记忆游戏等。改善生活方式，规律作息，均衡饮食，为大脑提供营养。创造良好学习环境，减少干扰。设定明确目标，分解任务，逐步提升自控力。培养兴趣爱好，锻炼专注和自我控制。实施奖励制度，激励孩子保持专注。教授情绪调节技巧，提高自控力。有效沟通，平和鼓励，增强自信。养成良好习惯，改善自控力。积极引导，帮助孩子养成自律。共同制定规则，认真执行奖惩制度。这些方法助孩子提升自控和注意力，助其全面发展。

趣味小贴士

要帮孩子增强自控能力，可以尝试“红绿灯”小游戏，孩子和家长轮流扮演“红绿灯”，另一人扮演路人或车，遵循“红灯停、绿灯行”的规则。

名师点拨

从教育技巧方面，帮助孩子增强自控能力，关键在于设定明确规则，鼓励延迟满足，通过角色扮演、故事讲述培养自我管理能力，同时以身作则，展示自律行为，让孩子在模仿中学会控制情绪与行为。

孩子总是把困难推给别人怎么办？

要减少孩子推卸责任的行为，首先要给予其足够的关爱和关注，让孩子感受到家庭的温暖和支持，建立自信心和责任感。同时，教会孩子正确的价值观，引导他们明白埋怨别人是不正确的，培养他们的责任感和独立性。当孩子遇到困难时，应鼓励和引导他们勇敢面对，而非推卸责任。家长应以身作则，做好表率，经常表扬有责任心的孩子。

趣味小贴士

鼓励孩子面对挑战，用“我能行”替代“我不会”。小游戏“传递责任球”，每人接球后说出一个解决困难的方法，培养积极面对问题的态度。

名师点拨

孩子总是把困难推给别人，教育技巧在于引导孩子认识困难是成长机会，通过故事分享、角色扮演等方法，培养其解决问题的能力。同时，设立小目标，鼓励尝试与坚持，让孩子在成功中体验克服困难的喜悦，逐步建立自信与责任感。

如何帮孩子建立道德观？

要建立孩子正确的道德观，家长和教师应以身作则，通过沟通了解孩子，引导他们正确看待问题。在日常生活中，用故事等形式教育孩子，注意表扬与批评的方式。鼓励孩子参与社会实践，尊重个体差异，培养同理心、责任感和正义感。同时，情感与理性并重，既要熏陶情感，也要培养理性思考。通过这些方法，让孩子在模仿、实践中逐步建立正确的价值观和道德观念，获得自由发展的空间，学会独立思考和道德判断，成为有担当、有爱心的人。

趣味小贴士

帮孩子建立道德观，以身作则，为孩子树立榜样；多交流，了解孩子想法，及时引导。小游戏如角色扮演，模拟道德情景，让孩子在游戏中学会换位思考，培养同理心和道德判断力。

名师点拨

通过故事讲述传递正面价值观，结合生活实例讨论道德选择，鼓励孩子反思行为后果，培养责任感与同情心。同时，家长和教师需以身作则，成为孩子道德成长的引路人，共同营造积极向上的学习生活氛围。

孩子出现逆反心理怎么办？

当孩子出现逆反心理时，父母应采用以下方法应对：冷却法，避免与孩子正面冲突，采用冷处理，待其情绪平稳后再进行教育引导。温暖法，尊重、理解、关怀、鼓励和信任孩子，常沟通，做孩子的贴心人，及时肯定其进步。刺激法，利用孩子争强好胜的心理，适当用反语激发其积极性。心理保健法，帮助孩子客观认识自我，克服主观片面性，培养良好情感和意志，增强自我控制能力，促进心理健康发展。

趣味小贴士

让孩子扮演家长，你来当孩子，模拟日常冲突场景。通过角色互换，孩子能体会家长的不易，学会换位思考，增进理解，缓解逆反情绪，促进亲子关系和谐。

名师点拨

孩子出现逆反心理时，父母应保持冷静，倾听孩子心声，理解其需求与困惑。通过引导式对话，帮助孩子认识自我，建立正确价值观。同时，以身作则，展现成熟处理问题的方式，成为孩子学习的榜样，促进其健康成长。

怎么培养孩子的责任感？

家长应给予孩子承担责任的机会，如家务活动，以提升其自我管理能力和责任感。家长需以身作则，展现责任感，成为孩子的榜样。当孩子履行责任时，应给予正面反馈和鼓励。同时，帮助孩子建立自我管理能力，如制订计划和安排时间。家长还需在孩子面前树立责任感强的形象，让孩子在充满责任感的氛围中成长。让孩子参与家庭决策，培养集体意识。对于5—6岁的孩子，可布置任务并复盘，通过试错学会独立解决问题并承担责任。这些方法共同促进孩子责任感的培养，使其在成长中更好地承担自己的义务。

趣味小贴士

“家务轮盘”，让孩子抽签决定家务任务，完成得奖励小贴纸；“责任小侦探”，寻找家中需改进的责任区，提出解决方案；“时间小管家”，设定任务时间表，培养时间管理。

名师点拨

培养孩子的责任感，教育技巧在于引导实践。设定明确责任目标，鼓励孩子参与家务、项目，体验成果与责任。适时表扬进步，强化责任感意识。同时，以身作则，树立负责榜样，让孩子在模仿中学会担当。

如何防止孩子交到不良朋友？

家长要培养孩子的独立思考与辨别能力，灌输诚实、友善等价值观，并鼓励孩子观察分析周围行为，学会判断好坏。同时，定期交流，了解孩子交友困惑，引导孩子注重朋友内在品质，倡导多元化交往。避免仅凭成绩评判朋友，理性对待，耐心说服而非强迫孩子远离不良朋友。若孩子因心理需求而与不良朋友交往，家长可引导他们通过团队活动、社团工作或志愿服务等方式获得正面关注和成就感，从而培养正确的交友观和独立思考能力。

趣味小贴士

玩“朋友画像”游戏，让孩子画出心中好朋友的样子，并讲述其优点。引导孩子识别并珍视正面品质，远离不良影响。同时，定期家庭讨论，了解孩子交友情况，预防不良交往。

名师点拨

从教师技巧层面出发，要防止孩子交到不良朋友，教师应细心观察学生交往情况，及时与学生沟通，教导学生识别好坏行为。同时，组织团队活动和多元化交往，帮助学生拓宽交友圈，培养健康的友谊观。

如何帮孩子客观认识自己？

培养孩子正确自我认知：一是培养自信心，家长常给予积极鼓励与肯定，提供适当挑战，让孩子获成就感。二是认识自我，通过日常交流助孩子明了优缺点，有成绩肯定，遇困难分析鼓励。三是鼓励表达自我，了解其想法感受，形成自我认识。四是管理情绪，家长示范引导孩子认识和管理情绪。五是营造开放支持的家庭氛围，接纳失败，鼓励探索。六是提供多样化体验，如课外活动、实践、旅行等，提升自我认知与评价能力。

趣味小贴士

玩“优点大轰炸”游戏，家人围坐轮流说孩子优点，让孩子明白自己的长处。“自画像猜人”游戏，孩子画自己，家人猜，从中对比孩子对自己的认知和他人看法。

名师点拨

从教育技巧看，家长要多观察孩子，捕捉细节。积极反馈孩子行为，不仅夸结果，更要赞努力过程。鼓励孩子尝试新事物，从失败和成功中了解自身。还可以和孩子一起制定目标和计划，在实践中让孩子认识到自己的潜力与不足。

该如何帮孩子做人生规划？

首先，家长需要与孩子进行深入的交流，了解他们的兴趣、梦想和长期目标。然后，可以一起探讨实现这些目标可能需要的步骤和条件，包括教育路径、技能培养和生活经验的积累。家长应该鼓励孩子设定实际可行的短期目标，这些目标可以是学习上的，也可以是个人发展的，如参加某个社团活动或学习一项新技能。同时，家长要教会孩子如何评估和调整计划，以适应不断变化的环境和自身成长的需求。

趣味小贴士

“梦想地图”小游戏：家长可以和孩子一起绘制梦想地图，让孩子在地图上标注出自己未来的梦想、想要去的地方、想从事的职业等，引导孩子思考如何一步步实现这些梦想。

名师点拨

家长应引导孩子了解自己的兴趣爱好和特长，鼓励他们积极探索和尝试新事物。同时，帮助孩子制定可行的目标和计划，培养正确的人生观和价值观。在规划过程中，注重培养孩子的独立思考和决策能力。

如何做青春期孩子的理想父母？

要做青春期孩子的理想父母，需保持开放沟通，尊重孩子独立性，理解其身体和情绪变化，提供正确性教育。同时，培养良好自尊心，设立明确规矩和界限，关注学业和兴趣，培养应对压力的能力。鼓励孩子建立健康人际关系，主动参与社交活动。最重要的是，给予孩子足够的爱和支持，成为他们倾诉的对象和坚强的后盾。通过这些方法，帮助孩子顺利度过青春期，成长为自信、独立、有责任感的成年人。

趣味小贴士

举办“家庭吐槽大会”，让孩子畅所欲言。尝试“兴趣互换日”，家长学孩子爱好，孩子体验家长工作。用幽默化解矛盾，像朋友般相处，尊重孩子的隐私与想法。

名师点拨

成为青春期孩子的理想父母，需把握关键要点。要尊重孩子渐长的独立性，给予适当自主权。保持沟通渠道畅通，耐心倾听孩子心声，理解其内心困惑与诉求。调整教育方式，从指令式转为引导式。以自身言行作榜样，展现成熟情绪管理与解决问题能力。

♥总结♥

《助力孩子取得高分》紧扣教育核心，深知家校合作意义重大。现实里，家长教育经常陷入迷茫，家校沟通协作受阻，本书深入探究家校共育，兼具理论与实践意义。青春期是孩子成长的特殊转折点，身体发育致心理巨变，开始重视自我关注，同时同伴关系敏感、情绪波动大，叛逆与亲子冲突频现，因此，建立尊重信任的亲子关系极为关键，家长要倾听理解并给予自主权。因课程与升学竞争而出现的学业压力使孩子易焦虑厌学，家校需协同制订计划、培养学习方法，重兴趣特长与课外活动。社交上，孩子重同伴关系，易受不良影响，家校应引导择友与培养社交技能，关注心理问题，及时疏导或求助专业咨询。书中以问答、漫画展现青春期问题，凸显家校共育紧迫性。未来，家校紧密合作，为青春期孩子打造良好的成长环境，促其全面发展，奠定未来基础，让孩子在成长的天空中自在飞翔，共筑美好未来。

家校共育2

打通数理化

学习思路

张海山　闫乃晨　瞿峰◎著

助孩子爱上数理化

中国出版集团
中译出版社

图书在版编目（CIP）数据

打通数理化学习思路 / 张海山，闫乃晨，瞿峰著 .
北京 ：中译出版社，2025. 3. --（家校共育）.
-- ISBN 978-7-5001-8163-7

I. G624.603

中国国家版本馆 CIP 数据核字第 2025E7W587 号

打通数理化学习思路
DATONG SHU-LI-HUA XUEXI SILU

出版发行：中译出版社
地　　址：北京市西城区新街口外大街 28 号普天德胜大厦主楼 4 层
电　　话：010-68002876
邮　　编：100088

责任编辑：张　旭
文字编辑：李雪梅

印　　刷：三河市祥达印刷包装有限公司
规　　格：710毫米×1000毫米　1/16
印　　张：6
字　　数：45千字
版　　次：2025年3月第1版
印　　次：2025年3月第1次

ISBN 978-7-5001-8163-7　定价：139.00元（全4册）

前言

数理化是数学、物理学和化学三个学科的简称，它们都属于自然科学领域，各自具有独特的知识类型和研究领域。

数学是一种形式科学，它主要研究数量、结构、空间和变化的概念，依赖于逻辑推理和抽象思维，通过定义、公理和定理来构建严谨的理论体系，在各个领域都有广泛的应用，包括科学、工程、经济、金融等。

物理学是自然科学的一个分支，它研究物质和能量的基本性质、相互作用以及自然现象，依赖于实验和理论模型，通过观察、实验和数学建模来探索自然界的规律。物理学的应用非常广泛，包括技术发展、工业制造、医学、环境科学等。

化学也是自然科学的一个分支，它研究物质的组成、结构、性质以及变化规律，结合了实验和理论分析，通过实验来验证理论预测，并通过理论来指导实验设计。化学的应用包括材料科学、药物开发、环境治理、食品科学等。

数理化作为基础科学，它们之间相互关联，共同构成了现代科学体系的基石。数学为物理和化学提供了精确的语言和工具，而物理和化学的研究又推动了数学理论的发展。这三个学科共同推动了人类对自然界的理解和科技的进步。

要想让孩子在数理化科目上快速提分，切实掌握数理化知识，关键在于打下坚实的基础、掌握有效的学习方法，并保持积极的学习态度。

基础知识的掌握是提分的前提。孩子要对每个科目的基本概念、原理和公式有深刻的理解，而不仅仅是机械记忆。其次，通过大量的练习来巩固知识，尤其是历年的真题和模拟题，这有助于熟悉考试题型和提高解题速度。同时，对做错的题目进行详细分析，理解错误的原因，并从中学习，是提高学习效率的重要环节。

制定一个切实可行的学习计划也是必不可少的。计划应包括每个科目的学习时间分配，并坚持执行。同时，保持良好的生活习惯，如充足的睡眠、均衡的饮食和适量的运动，这些都有助于提高学习效率。此外，选择合适的学习材料，如教科书、辅导书和在线资源，确保学习材料的质量和适用性。

在学习过程中，主动学习、积极参与课堂讨论和主动提问，可以加深对知识的理解。与同学组成学习小组，相互讨论和解决问题，也是提高学习效率的有效方式。利用科技工具，如教育软件和应用程序，可以辅助学习，提高学习的乐趣和效率。

最后，保持积极的心态，对考试保持合理的期待，避免过度焦虑，这对快速提分同样重要。当遇到难题时，不要犹豫，而是要向老师、家长或同学求助。

目录

理科素养提升　数学篇

数学到底有多重要？ …… 2
为什么科学界格外尊重数学家？ …… 3
为什么数学不宜超前教育？ …… 4
如何让孩子认识到数学的价值？ …… 5
孩子的数学教育分几个阶段？ …… 6
家庭如何培养孩子的数学兴趣？ …… 7
让孩子记零花钱账本有什么好处？ …… 8
为什么要做枯燥的四则运算？ …… 9
如何快速培养方程思想？ …… 10
为什么三角形在数学中那么重要？ …… 11
为什么说圆周率隐藏着宇宙奥秘？ …… 12
研究质数有什么用处？ …… 13
孩子看到数学就头疼是什么原因？ …… 14
孩子口诀公式都会，一算就错怎么办？ …… 15
太难的题目让孩子产生挫败感怎么办？ …… 16
孩子不会做应用题怎么办？ …… 17
孩子不懂数学概念怎么办？ …… 18
为什么说平行线知识至关重要？ …… 19
为什么三角函数很重要？ …… 20

如何让孩子学会平面直角坐标系？……21
为什么勾股定理那么重要？……22
如何让孩子快速学会一元二次方程？……23
哪些优质资源能帮孩子学习数学？……24
研究奥数题能提高数学成绩吗？……25
家长不会辅导数学怎么办？……26
孩子缺乏空间想象力怎么办？……27
新的数学课程标准有哪些亮点？……28

理科素养提升　物理篇

如何激发孩子的物理兴趣？……30
为什么要结合实际才能学好物理？……31
买不起昂贵的物理器材怎么办？……32
为什么物理学要从声学开始？……33
家里可以做哪些声学实验？……34
为什么学好光学能培养物理素养？……35
家里可以做哪些光学实验？……36
为什么物体的颜色是光学现象？……37
生活中有哪些光学科技产品？……38
物态变化考点少可以忽略吗？……39
如何保证孩子探索电学时的安全？……40
为什么要鼓励孩子拆解小电器？……41
孩子对高压电好奇怎么办？……42

孩子觉得电路图太抽象怎么办？ ………………………… 43
孩子无法理解磁场的概念怎么办？ ………………………… 44
为什么电磁可以相互转换？ ………………………… 45
如何让孩子意识到电磁波的存在？ ………………………… 46
家里可以做的电磁实验有哪些？ ………………………… 47
如何让孩子牢记密度概念？ ………………………… 48
空气压强实验有哪些？ ………………………… 49
为什么重心概念非常重要？ ………………………… 50
如何帮助孩子理解排水量概念？ ………………………… 51
如何让初中物理知识活起来？ ………………………… 52
为什么自由落体知识非常重要？ ………………………… 53
如何记牢自由落体知识？ ………………………… 54
为什么说滑轮是杠杆的变体？ ………………………… 55
如何让孩子牢记滑轮组的知识？ ………………………… 56
有哪些资源可以帮孩子学物理？ ………………………… 57
如何记住纷繁复杂的物理量？ ………………………… 58

理科素养提升　化学篇

孩子对化学有畏惧感怎么办？ ………………………… 60
为什么说化学并不难？ ………………………… 61
为什么学化学要多使用卡片？ ………………………… 62
为什么要先熟记化学根本概念？ ………………………… 63
如何快速让孩子理解元素知识？ ………………………… 64
组成物质的是什么？ ………………………… 65

原子是由什么构成的？ …… 66
元素周期表为什么那么重要？ …… 67
初中时期需要记住的元素有哪些？ …… 68
元素为什么要分成三类？ …… 69
“原子最外层电子数”多重要？ …… 70
为什么化学品有多个名称？ …… 71
如何用游戏让孩子记住化学式规则？ …… 72
学化学为什么要长期积累？ …… 73
初中阶段要记住哪些化学之最？ …… 74
如何在家里做溶解与结晶实验？ …… 75
如何在家中自制泡沫灭火器？ …… 76
为什么化学火焰是最可怕的火焰？ …… 77
家中可以做的分解反应有哪些？ …… 78
如何在家中安全制取氢气？ …… 79
如何使用双氧水制取氧气？ …… 80
如何对孩子进行化学安全教育？ …… 81
孩子记不住化合价知识怎么办？ …… 82
为什么要牢记金属活动性顺序？ …… 83
如何在家中制作简易电池？ …… 84
为什么王水能把黄金溶解？ …… 85
如何在家中制作酸碱指示剂？ …… 86
如何自制暖宝宝？ …… 87
哪些优质资源可帮孩子学习化学？ …… 88

理科素养提升

数学篇

数学到底有多重要？

数学是理解世界和推动进步的基石，它不仅是科学的语言，也是我们日常生活中不可或缺的工具。从解决问题到优化决策，从发展现代技术到探索宇宙的奥秘……数学的应用无处不在。它塑造了我们的思维方式，增强了我们解决问题的能力，并为人类社会的发展提供了强大的动力。

趣味小贴士

数学不仅是理科的基础，也与经济学、心理学等有着密切的联系。强调数学在培养逻辑思维和解决问题能力方面的重要性，这对于任何领域的成功都是至关重要的。

名师点拨

家长可以将数学概念融入孩子的日常活动和游戏中，用实际问题激发他们的好奇心，鼓励他们探索和发现数学的奥妙，培养孩子的数学兴趣和抽象思维能力。同时，家长也要提供积极的反馈和支持，帮助孩子建立自信，从而让孩子保持学习数学的内在动力。

为什么科学界格外尊重数学家？

首先，数学是科学的语言和工具。数学家通过研究数学理论，帮助我们理解宇宙的规律，预测和解决实际问题。数学的目标在于寻找普遍的真理和解决问题的方法，这在科学探索中至关重要。

其次，数学与实践活动结合紧密。数学家通过解决实际问题，如物理学中的方程求解、工程学中的结构设计、经济学中的模型构建等，将数学理论与现实世界紧密结合。这不仅验证了数学理论的有效性，也推动了科学和技术的进步。

数学如此重要，科学界自然就格外尊重数学家了。

趣味小贴士

数学不仅是纯粹的逻辑推理和抽象思维，也与现实中的具体问题紧密相关。这种特点使得数学在科学领域中具有独特的地位，数学家因此能够在多个学科中发挥关键作用。

名师点拨

数学是许多科学学科的基础，无论是物理学、化学、生物学，还是经济学，都离不开数学模型和计算。数学家通过发展新的数学工具和理论，为其他领域的研究提供了强大的支持。

为什么数学不宜超前教育？

数学学习需要循序渐进。数学是一门逻辑严密、结构严谨的学科，孩子只有在理解了基础知识和概念后，才能逐步掌握更高级的数学理论和技巧。超前教育可能会让孩子在没有充分理解基础知识的情况下，直接接触复杂的内容，从而导致学习困难和理解障碍。

趣味小贴士

数学学习是一个逐步构建的过程，就像搭积木一样，需要从基础开始，一层一层地往上搭建，越级搭建容易产生不稳定和不均衡的情况，会让这个“积木城堡”摇摇欲坠。

名师点拨

数学学习需要时间和耐心，数学教育应该根据孩子的认知发展水平和学习能力来设计，确保孩子能够在理解的基础上逐步提升，保持孩子在数学探索中的乐趣和成就感。

如何让孩子认识到数学的价值？

首先，数学是理解世界的基础。通过日常生活中的例子，向孩子展示数学是如何解决实际问题的，比如购物时的计算、建筑时的测量、游戏中的策略等，让孩子看到数学的实用性和重要性。

其次，让孩子认识到数学的价值，还能培养他们的逻辑思维和解决问题的能力。向孩子介绍数学在科技领域的应用，比如计算机编程、人工智能等，体验数学的趣味性和实用性；鼓励孩子使用数学来解决实际问题，比如家庭预算、节约能源等，让孩子体验解决问题的成就感。

趣味小贴士

数学不仅仅是数字和公式，它更是一种语言，帮助我们描述和理解周围的世界。通过将数学与孩子感兴趣的事物联系起来，可以激发他们对数学的兴趣和认识其价值。

名师点拨

通过参与数学活动和挑战，孩子可以学习到如何运用数学知识解决实际问题，从而认识到数学在现代社会中的重要性。

孩子的数学教育分几个阶段?

孩子的数学教育是一个逐步深入的过程，可以分为四个关键阶段。

基础阶段，从幼儿园到小学低年级，孩子学习数数、形状和颜色、加减法等基本概念，这是数学教育的起点；算术阶段，小学中高年级，孩子开始学习乘除法、分数和小数，以及基本的几何概念；代数阶段，初高中时期，孩子学习方程式和不等式，以及更高级的统计学、线性代数等，为进入大学或职业领域做好准备；大学及以后，可以选择更专业的数学课程，如拓扑学、数论等，为未来的数学研究或应用等数学领域工作做准备。

循序渐进，才能学好数学

趣味小贴士

分阶段学习数学，就像是孩子们在玩闯关游戏，每通过一个关卡，就能解锁新的技能和知识，让他们在数学的王国里，从数数的小兵成长为解决复杂问题的大法师。

名师点拨

因为每个孩子的学习节奏不同，所以在数学教育中，要根据孩子的学习能力和发展阶段来调整教学内容和难度，确保每个孩子都能在适合自己的节奏下学习数学。

家庭如何培养孩子的数学兴趣？

首先，家庭可以通过日常生活中的实际例子来培养孩子的数学兴趣。通过购物时的计算、烹饪时的测量、游戏时的策略等活动，让孩子在实践中感受数学的趣味性和实用性。其次，家庭可以通过鼓励孩子参与数学游戏和挑战来激发他们的兴趣。比如数独、数学谜题、几何拼图等，这些活动能够提高孩子解决问题的能力，同时也可以让他们体验到数学的乐趣。

通过这些方法，可以有效地培养孩子的数学兴趣，帮助他们建立起对数学的积极态度。

趣味小贴士

数学不仅仅是学校里的科目，它也渗透在我们生活的方方面面。通过将数学与孩子的日常生活联系起来，可以让他们更自然地对数学产生兴趣。

名师点拨

家长应该鼓励孩子提问和探索，对于孩子在数学上的好奇心和问题，家长应该耐心解答，甚至可以一起寻找答案。这种互动不仅能增进亲子关系，也能让孩子在探索中发现数学的魅力。

让孩子记零花钱账本有什么好处？

首先，记账本可以培养孩子的财务管理能力。通过记录收入和支出，孩子可以学习如何规划和控制自己的财务，这对未来的生活管理是非常重要的。

其次，记账本可以提高孩子的数学实践能力。在记录和计算零花钱的过程中，孩子会使用到加法、减法、百分比等数学知识，这有助于他们将数学知识应用到实际生活中。

趣味小贴士

记账本是孩子学习理财的第一步，它不仅能让孩子了解金钱的价值，还能让他们在实际操作中掌握基本的数学运算，这种学习方式既实用又有趣。

名师点拨

家长应该鼓励孩子记录每一笔零花钱的去向，并且定期和孩子一起检查账本，讨论如何更好地管理财务。这样的互动不仅能增进亲子关系，还能让孩子在实践中学习到宝贵的理财知识。

为什么要做枯燥的四则运算？

首先，四则运算是数学的基础。通过掌握加、减、乘、除，我们能够进行基本的数学计算，这是理解和应用更高级数学概念的前提。

其次，四则运算与日常生活紧密相关。无论是购物时计算价格、烹饪时测量食材，还是管理个人财务，四则运算都是不可或缺的实用技能。

四则运算虽然看似枯燥，但它是数学学习的重要基石，对于我们的日常生活和未来的学术发展都有着深远的影响。

趣味小贴士

虽然四则运算可能看起来简单甚至枯燥，但它们是构建复杂数学概念的砖块。掌握这些基本技能，可以帮助学生更好地理解和探索数学的奥秘。

名师点拨

四则运算不仅是数学的基础，也是逻辑思维训练的重要部分。通过解决四则运算问题，可以锻炼学生的逻辑推理和问题解决能力，这些能力对于任何学科的学习都是至关重要的。

如何快速培养方程思想?

首先，方程思想的培养需要从基础做起。通过学习基本的数学运算和初步的代数知识，孩子可以开始理解方程的基本概念，这是培养方程思想的起点。

其次，方程思想的培养需要结合实际问题。将抽象的数学问题与现实生活中的具体情境相结合，可以帮助孩子更好地理解和掌握方程的应用。在这个过程中，孩子可以逐步学会如何找出等量关系，构建方程模型，并最终解决问题。

趣味小贴士

方程思想不仅是解决数学问题的工具，它还是一种重要的思维方式，可以帮助学生更好地理解和解决现实生活中的问题。

名师点拨

在教学过程中，教师应注重发展学生的符号意识，通过符号的运用帮助学生对方程有初步的了解和认识。同时，教师应引导学生在数学符号运算过程中建立“未知即已知”的方程思维理念，体验方程在表示数量间等量关系上的作用。

为什么三角形在数学中那么重要？

三角形是最基本的几何形状之一。它由三条线段和三个角组成，这种简单性使得三角形成为研究几何学的起点，帮助我们理解更复杂的几何结构和性质。三角形的性质，如内角和等于180°，边长关系等，是许多数学定理和证明的基础。

三角形在实际应用中极为广泛。在物理学、工程学、建筑学等领域，三角形因其稳定性而被广泛应用，如在桥梁、屋顶和各种结构设计中。

三角形在数学中的重要性不言而喻，它不仅是几何学的基石，也是许多数学理论和应用的核心。

趣味小贴士

三角形不仅是数学中的一个基本概念，它还与许多数学分支紧密相关，如解析几何等。这种跨领域的联系使得三角形在数学中占据了特别的地位。

名师点拨

三角形的稳定性和对称性使其成为理解和探索更高级数学概念的桥梁。通过研究三角形，学生可以学习到几何学的基本原理，为进一步学习更复杂的数学知识打下坚实的基础。

为什么说圆周率隐藏着宇宙奥秘?

圆周率（π）是数学中的一个基本常数。π是圆的周长与直径的比值，具有无限不循环的特性，看似简单的π在描述宇宙的形状和结构时却尤为重要。

π在现代物理学的两大支柱——广义相对论和量子力学中都有所体现。在广义相对论中，π与引力场的概念相关联，而在量子力学中，π出现在海森堡的不确定性原理和薛定谔的波动方程中，而这些理论构成了我们理解宇宙的基础。

趣味小贴士

π不仅是数学中的一个常数，它还与许多自然现象紧密相关，比如行星的轨道、声波的模式等。这种普遍性使得π成为一个连接自然界和数学的桥梁。

名师点拨

π的价值不仅在于它的数学属性，还在于它在科学中的广泛应用。从天文学的星系旋转到生物学的DNA结构，π的身影无处不在，这使得它成为探索宇宙奥秘的关键。

研究质数有什么用处？

质数是指只能被1和它本身整除的大于1的自然数，是数论的基础。

首先，质数在现代密码学中扮演着关键角色。许多加密技术，尤其是公钥加密系统，都依赖于质数的大数分解难题，这一难题是现代网络安全的基石。

其次，质数的分布和性质是数论中的核心问题，对它们的研究不仅解决了数学上的难题，还促进了新数学工具和理论的发展。

此外，质数在自然界中也频繁出现，从植物的生长模式到星系的分布，质数的规律性为我们提供了理解自然界复杂结构的线索。

趣味小贴士

质数的研究不仅仅是数学上的好奇心，从保护我们的在线交易安全到帮助我们理解宇宙的结构，它们在实际应用中也扮演着重要角色。

名师点拨

质数的研究是数学探索的前沿领域之一，它们的独特性质和分布规律对于数学家来说既是挑战也是机遇，推动着数学理论和应用的发展。研究质数不仅是为了数学本身，也是为了更广泛地理解我们周围的世界。

孩子看到数学就头疼是什么原因？

首先，数学涉及许多抽象概念和符号，对于习惯于具体事物的孩子来说，理解和掌握这些抽象概念可能比较困难。

其次，如果数学教学过于注重记忆和重复练习，缺乏趣味性以及和实际应用的联系，孩子可能就会感到枯燥，从而对数学失去兴趣。

再次，如果孩子在数学学习中经常遇到困难和失败，而没有得到及时的帮助和鼓励，他们可能会对数学产生畏惧心理。

最后，家长和老师对孩子的数学成绩有过高的期望，也可能会给孩子带来额外的压力，使他们对数学产生焦虑。

趣味小贴士

明确孩子对数学感到头疼的原因，可以帮助我们找到合适的方法来激发他们对数学的兴趣，比如通过游戏化学习或者将数学与他们感兴趣的领域结合起来。

名师点拨

每个孩子都有潜力在数学上取得进步，关键在于找到适合他们的学习方法和激励机制。通过个性化的教学和积极的鼓励，我们可以帮助孩子克服对数学的畏惧心理，发现数学的乐趣和价值。

孩子口诀公式都会，一算就错怎么办？

首先，寻找孩子的错误原因。孩子在理解公式和口诀的含义上没有问题，但在实际应用时出错，可能是因为他们的理解还不够深入，或者在解题过程中粗心大意。

其次，加强练习和应用。孩子需要通过大量的练习来巩固他们的知识，将理论知识转化为实际操作能力，提高他们的计算技巧和准确性。

再次，培养检查的习惯。教育孩子在完成计算后进行检查，不仅能帮助他们发现计算中出现的错误，还能培养他们的批判性思维。

最后，鼓励孩子保持耐心和积极的态度。家长和教师要鼓励孩子不要因为犯错而气馁，而是要从错误中学习，不断提高。

趣味小贴士

每个人都可能会在计算中犯错，关键是我们要从错误中学习，逐步提高。一道难题被顺利解开，我们能从中得到非同一般的乐趣。

名师点拨

数学学习是一个逐步提高的过程，每个错误都是一个学习的机会。通过持续的练习和正确的学习方法，孩子可以逐渐减少错误，提高他们的数学计算能力。

太难的题目让孩子产生挫败感怎么办？

首先，理解题目的本质，培养阅读理解能力。加强孩子的阅读理解训练，引导孩子深入分析题目，理解题目的真正意图，这样，孩子在面对抠字眼的题目时，才能够更快地抓住核心要点，减少误解。

其次，教授解题策略。向孩子传授一些解题技巧和策略，比如如何识别题目中的关键词，如何根据题目要求进行逻辑推理，以及如何避免常见的陷阱。

最后，鼓励积极的心态。鼓励孩子保持积极的态度，即使在面对有困难的题目时也不放弃。

趣味小贴士

面对抠字眼的题目时，关键是要学会耐心分析和理解题目的要求，这样就能逐渐克服挫败感。

名师点拨

通过指导孩子如何有效地阅读和理解题目，可以帮助他们提高解题能力，减少因误解题目而产生的挫败感。每个难题都是一个成长的机会。通过不断地挑战和克服困难，孩子可以增强自己的解决问题的能力，提高自信心。

孩子不会做应用题怎么办？

孩子不会做应用题时，首先，要帮助孩子理解应用题的背景和要求，理解应用题的实际情况和数学模型。将抽象的数学问题与现实生活中的具体情境联系起来，让孩子更容易理解和接受。

其次，培养孩子的阅读理解能力。加强孩子的阅读理解训练，提高他们捕捉题目关键信息的能力。让孩子能够更快地抓住应用题的核心要点。

趣味小贴士

面对应用题时，关键是要学会理解应用题的背景和要求，这样就能逐渐克服困难。

名师点拨

每个应用题都是一个实际问题解决的练习。通过指导孩子如何有效地阅读和理解应用题，抓住关键词，可以帮助他们提高解题能力。家长和老师应该鼓励孩子勇敢面对挑战，从每次的尝试中学习和进步。

孩子不懂数学概念怎么办？

首先，采用直观教学方法。通过使用图形、实物或其他视觉辅助工具，帮助孩子将抽象的数学概念与他们能够直接感知的事物联系起来，使数学概念具体化、形象化。

其次，联系生活实际。将数学概念与孩子日常生活中熟悉的事物或情境相联系，通过实际例子来解释数学概念，让孩子更容易理解和记忆。

最后，使用类比和比喻。通过将复杂的数学概念与孩子已知的简单概念进行类比，或者使用比喻来解释，可以帮助孩子跨越理解上的障碍。

趣味小贴士

数学概念有时候可能难以理解，但是通过实际操作和生活实例，孩子可以更容易地掌握它们。

名师点拨

数学概念是数学学习的基础，理解了这些概念，孩子就能更好地解决数学问题，也能体会到数学学习的乐趣和价值。家长和教师应该耐心地帮助孩子克服理解上的困难，让他们在数学学习中不断进步。

为什么说平行线知识至关重要？

平行线这一概念是几何学中描述形状和空间位置的基础，许多几何学的基本定理和性质都与平行线有关，例如对应角、同位角和内错角等，这些定理是解决几何问题的关键。

平行线在实际应用中具有重要意义。在建筑、设计、工程等领域，平行线的概念用于确保结构的对称性和稳定性，是实际应用中不可或缺的一部分。

平行线的概念促进了非欧几何的发展。对平行线性质的深入研究和质疑导致了非欧几何的诞生，这一发现极大地扩展了数学的边界，对现代物理学和宇宙学有着深远的影响。

趣味小贴士

平行线不仅是几何学中的一个基本概念，它们还在艺术、建筑和自然界中随处可见，也体现了数学的美和普遍性。

名师点拨

平行线的知识不仅是几何学的基础，也是探索未知领域的重要工具。它激发了无数数学家对数学真理的探索，推动了数学乃至科学的发展。因此，理解平行线的概念对于孩子来说是一个宝贵的学习机会。

为什么三角函数很重要？

三角函数是数学中研究直角三角形中边和角之间关系的关键分支，它们在解析几何、微积分、物理学等多个领域中都有广泛的应用，是连接代数和几何的桥梁。

三角函数在解决实际问题中具有独特价值。在工程学中，三角函数用于测量和设计；在物理学中，它们用于描述波的性质和振动；在天文学中，三角函数帮助计算天体的位置和运动。

另外，三角函数是理解周期现象的基础。它们在描述声音、光和各种波的传播中起着核心作用，也是研究周期性现象如潮汐、振动和振荡的关键工具。

趣味小贴士

三角函数不仅仅是数学中的一个概念，它们在我们的日常生活中更是无处不在，从音乐到建筑，从游戏到科学研究，三角函数都是不可或缺的。

名师点拨

三角函数是探索自然界和人造世界中周期现象的钥匙。掌握三角函数，就能开启理解宇宙奥秘的大门，因此它们在数学和科学教育中占有举足轻重的地位。

如何让孩子学会平面直角坐标系？

让孩子快速学习平面直角坐标系，首先要通过直观教具给孩子引入坐标系概念。使用网格纸、坐标板或电脑上的绘图软件等，让孩子理解坐标系是如何将平面上的点与有序的数对（x，y）联系起来的。

可以通过地图上的定位、游戏中的角色移动等来解释坐标系的应用，并设计一些与坐标系相关的游戏，比如“寻宝游戏”，让孩子根据坐标找到藏宝的位置，通过实际操作加深其对坐标系的理解。

趣味小贴士

平面直角坐标系就像一张大网，每个点都有它自己的位置，通过学习坐标系，孩子可以准确地找到这些点的位置。

名师点拨

平面直角坐标系是数学中描述位置和运动的基本工具，通过实际操作和应用，孩子可以更快地掌握这一重要的数学概念。平面直角坐标系也是孩子解决数学问题不可或缺的工具。通过有趣的活动和实际应用，我们可以帮助孩子快速学会并喜欢上平面直角坐标系。

为什么勾股定理那么重要?

勾股定理描述了直角三角形中三边之间的关系，即直角三角形的两条直角边的平方和等于斜边的平方（$a^2+b^2=c^2$）。这个定理揭示了几何图形中一个深刻的性质，历史意义重大，是人类智慧的结晶，也是数学史上的一个重要里程碑。它不仅是一个定理，还引发了对非欧几何、复数和现代代数几何等领域的深入研究，推动了数学的发展。

勾股定理在实际应用中无处不在，从建筑设计、工程测量到GPS定位系统，勾股定理都是不可或缺的工具。

趣味小贴士

勾股定理不仅是一个数学公式，还是一个连接古代和现代、理论与实践的桥梁。通过了解勾股定理，孩子可以更好地理解和体会数学的美妙和力量。

名师点拨

勾股定理是打开几何学大门的钥匙。通过深入理解和应用勾股定理，孩子们可以探索更广阔的数学世界，发现数学的无限可能。勾股定理的重要性不仅在于它本身，还在于它所代表的数学精神——对真理的追求和对知识的探索。

如何让孩子快速学会一元二次方程？

一元二次方程是解决现实问题的重要工具，它还可以培养抽象思维和解决问题的能力。要让孩子快速学会一元二次方程，通过日常生活中的例子，向孩子展示一元二次方程是如何应用于实际问题的解决中的，比如抛物线在篮球投篮轨迹的模拟、弹簧振子的振动分析，以及在工程设计中的最优化问题等，让孩子看到一元二次方程的实用性和重要性。

趣味小贴士

一元二次方程可以帮助我们理解和预测现实世界中的许多现象。通过将一元二次方程与孩子感兴趣的事物联系起来，可以激发他们对一元二次方程的兴趣和认识其价值。

名师点拨

许多科学和技术领域的进步都离不开一元二次方程的应用，如物理学中的运动学、工程学中的结构分析。一元二次方程为这些领域提供了精确的数学模型，使得科学家和工程师能够预测和优化各种现象和结构，推动了科学技术的发展。

哪些优质资源能帮孩子学习数学？

互联网上有许多优质的数学学习资源，可以帮助孩子从不同角度和层次学习数学。以下是一些公开的优质资源：

（1）https://www.bilibili.com（哔哩哔哩）上的数学课程。提供了从初中到高中的数学教程，包括名师讲解的视频，帮助孩子系统学习数学知识。

（2）国家中小学智慧教育平台。提供了丰富的数学学习资源，适合中小学生使用。

（3）网易公开课。提供了高中数学课程，包括必修课程和选修课程，适合高中生学习。

趣味小贴士

在不同的网站上，还可以搜索到不同国家、不同方式的教学内容，选择适合自己的方法很重要。

名师点拨

通过参与不同途径的各种实践，孩子可以学习到如何运用数学知识解决实际问题，获得成就感。无论是基础知识的巩固，还是高阶数学的探索，都能通过这些公开的优质资源找到合适的学习材料，帮助孩子在数学学习上取得进步。

研究奥数题能提高数学成绩吗？

学习奥数是一种很好的思维训练，通过学习奥数，可以帮助孩子拓展思路，进而有效提高分析问题和解决问题的能力。奥数不同于普通数学，它讲究的是个“巧”字，需要孩子经过分析判断、逻辑推理，这对提高孩子的逻辑推理和抽象思维能力大有帮助。

不过，学习奥数也要量力而行，要在孩子已经掌握了基础知识，想要获得更大的提高时才能有良好的效果。

趣味小贴士

奥数是一种思维的“体操”，它能帮助孩子以不同的视角看待问题。

名师点拨

奥数学习能够帮助孩子在数学上建立优势，为未来的学术和职业生涯打下坚实的基础。许多重要的发明和发现都离不开数学的支持，奥数学习能够让孩子更深入地理解数学，培养他们的创新能力和解决问题的能力。

家长不会辅导数学怎么办？

首先，家长可以利用外部资源来辅助孩子的数学学习。即使家长自身数学能力有限，也可以通过推荐在线课程、教育软件和数学游戏等资源，帮助孩子在数学上取得进步。

其次，家长可以鼓励孩子自主学习。通过为孩子创造一个有利于学习的环境，比如安静的学习空间和必要的学习材料，可以培养孩子的自学能力。

趣味小贴士

数学学习不一定要依赖家长的辅导，孩子可以通过多种途径自主探索数学的奥秘。家长可以引导孩子发现数学的乐趣，比如通过数学游戏或者参与数学竞赛等。

名师点拨

即使家长不会辅导数学，也不应该成为孩子学习数学的障碍。家长可以通过多种方式为孩子的数学学习提供支持，比如定期与孩子的数学老师沟通，了解孩子的学习进度和遇到的困难，或者寻找社区资源，如图书馆的数学工作坊，来帮助孩子克服数学学习中的难题和挑战。

孩子缺乏空间想象力怎么办？

空间想象力是人们对客观事物的空间形式进行观察、分析、认知的抽象思维能力。通过日常生活中的例子和实践活动，可以帮助孩子建立起对空间和形状的直观理解，从而提高他们的空间想象力。

空间想象力的培养需要从观察与认知、动手与操作、分析与思考三个方面入手。这三个方面相辅相成，共同促进孩子空间想象力的发展。

趣味小贴士

空间想象力在我们日常生活中无处不在，比如理解地图、安排家具布局等。通过将空间想象力与孩子日常生活中的活动联系起来，可以激发孩子对空间认知的兴趣。

名师点拨

空间想象力不仅能够帮助孩子在数学和科学领域取得好成绩，还能在日常生活中，如导航、艺术创作、建筑设计等方面发挥重要作用。通过持续的练习和科学的培养方法，孩子的空间想象力可以得到显著提升。

新的数学课程标准有哪些亮点？

新执行的数学课程标准（2022年版）的亮点主要包括以下几个方面：

（1）核心素养的明确提出，确立了以核心素养目标为导向的义务教育数学课程。其次，课程内容的结构化特征，整体设计、分步实施以核心素养为导向的教学活动。再次，新课标增加了跨学科实践，加强了跨学科知识综合运用的跨学科实践活动，顺应了国际课程的发展趋势及新时代创新人才的培养需求。

（2）增加数学课程学业质量的描述，对学生的学习活动、教师的教学活动、教材的编写等具有重要的指导作用。

趣味小贴士

新课程标准不仅仅是关于数学知识的传授，它更是一种全新的学习方式，可以帮助学生通过数学学习来理解世界，培养他们的逻辑思维和创新能力。

名师点拨

新课程标准的亮点在于它能够引导教师和学生关注数学的本质，通过参与数学活动和挑战，学生可以学习到如何运用数学知识解决实际问题，从而认识到数学在现代社会中的重要性。

理科素养提升

物理篇

如何激发孩子的物理兴趣？

物理，是研究物质和能量的基本性质、结构、相互作用，以及运动规律的自然科学。物理学试图解释和预测宇宙中从最小粒子到最大星系的所有物理现象。

物理可以培养孩子的科学思维和实验探究的能力。要激发孩子学习物理的兴趣，可以通过日常生活中的例子，向孩子展示物理是如何应用于实际问题的解决中的，比如骑自行车时的力学原理、使用手机时的电磁学、观察彩虹时的光学现象等。

趣味小贴士

物理在互联网的发明过程中扮演了核心角色，它不仅为光纤通信提供了光学基础，还为无线通信提供了电磁学理论。

名师点拨

物理不仅是公式和定律，它也是一种工具，帮助我们探索和理解自然界的规律。通过将物理与孩子感兴趣的事物联系起来，可以激发他们对物理的兴趣和认识其价值。

为什么要结合实际才能学好物理？

物理是探索自然现象和理解宇宙运行规律的基石。

物理学习可以培养孩子的观察力、实验能力和科学思维能力。通过观察和实验，孩子可以亲身体验物理定律和原理，提高他们分析问题和解决问题的能力，这些技能对他们未来的学习和生活至关重要。

趣味小贴士

物理在触摸屏技术的发展中扮演了核心角色，它不仅解释了触摸屏的工作原理，还涉及到材料科学、电磁学等多个物理领域。

名师点拨

许多重要的科技成就和创新都离不开物理的支撑，通过参与物理实验和实践活动，孩子可以直观地理解物理概念，学习如何运用物理知识解释和预测自然现象，从而认识到物理在现代社会中的重要性。

买不起昂贵的物理器材怎么办？

物理学习不一定要依赖昂贵的器材。通过日常生活中的物品，如纸杯、吸管、橡皮筋等，也可以进行许多基础的物理实验，向孩子展示物理原理是如何在简单的环境中得到体现的，让孩子看到物理的普遍性和可及性。

物理学习更重要的是理解和思考。通过观察自然现象、进行简单的实验和参与讨论，可以培养孩子对物理概念的深刻理解，提高他们的科学探究能力和对物理学习的兴趣。

趣味小贴士

许多重要的物理发现都是从简单的实验和观察中开始的。例如，牛顿的万有引力定律就是从观察到苹果落地开始的。

名师点拨

通过简单的实验和日常生活中的观察，孩子可以培养对物理现象的好奇心和探索精神，这是推动科学进步的重要动力。通过创造性地使用日常物品进行物理实验，孩子可以学习到物理原理，并理解这些原理是如何在现实世界中应用的，从而认识到物理的趣味性。

为什么物理学要从声学开始？

声学是物理学中最贴近日常生活的分支之一，声学学习可以培养孩子的观察力和实验能力。通过日常生活中的例子，如说话的声音、音乐的旋律、雷声的轰鸣等，可以直观地感受声音的产生、传播和接收过程，向孩子展示声学是如何解决实际问题的，让孩子看到物理学的实用性和重要性。

趣味小贴士

简单的声学实验一点也不难，稍微准备准备，开启独属于自家孩子的实验之旅吧！

名师点拨

许多重要的科技成就和创新都离不开声学的支持，如声呐技术的发展。声学在声呐技术的发展中扮演了核心角色，它不仅解释了声波在水中的传播特性，还为水下探测和通信提供了技术基础，使我们能够探索深海世界，推动了海洋科学的发展。

家里可以做哪些声学实验？

以下是一些简单且有趣的声学实验，可以在家中或学校里进行。

（1）声音的反射（回声）：在空旷的地方制造声音，然后倾听回声。通过测量声音发出到听到回声的时间，可以估算声音传播的距离。

（2）声音的聚焦：将手机扬声器放在圆锥形纸筒的底部，播放音乐。然后，将耳朵靠近纸筒的开口处，会听到更集中、更响亮的声音，这是因为纸筒的形状有助于聚焦声波。

趣味小贴士

敲击音叉使其发出声音，然后将音叉靠近装有不同水位的瓶子口，就会听到不同的水位发出的声音的响度也不同。声学实验不仅是科学探究，更是一种探索声音奥秘的方式。

名师点拨

多进行一些简单的实验，可以培养孩子的想象力，也可以提高孩子的动手能力。声学实验还可以帮助孩子理解声音是如何通过空气传播的，这是电话和扬声器技术的基础。

为什么学好光学能培养物理素养?

日常生活中，光学现象往往直观且易于可视化，这有助于孩子将抽象的物理概念具体化，增强理解和记忆。光学在日常生活中有着广泛的应用，如光纤通信、激光技术、光学成像等，与多个学科领域交叉，如量子力学、材料科学、信息科学等。了解光学原理有助于理解这些技术背后的物理机制，培养跨学科的思维能力。

趣味小贴士

光学不仅是关于光的科学，还是一种探索光和颜色的奥秘的方式。通过参与光学活动和实验，孩子可以学习到光是如何传播和被操控的，还可以理解光的物理特性。

名师点拨

许多重要的科技成就和创新都离不开光学的支持，如光纤通信技术的发展。光学在光纤通信技术的发展中扮演了核心角色，它不仅解释了光在光纤中的传播原理，还为信息的高速传输提供了技术基础。

家里可以做哪些光学实验？

光学实验是探索光的神秘世界的一种方式。通过在家中进行简单的光学实验，可以向孩子展示光是如何传播、反射和折射的。以下是一些可以在家中进行的光学实验。

（1）制作简易针孔相机：用一个带有小孔的纸盒，让孩子观察外部景象如何在盒内形成倒立的实像。

（2）探索光的反射：用镜子和手电筒，让孩子观察光束是如何被反射，以及反射角度的变化是如何影响反射光的方向的。

趣味小贴士

光学实验可以培养孩子的观察力和实验能力。通过亲自动手操作，孩子可以直观地感受光的物理特性，还可以提高他们对物理现象的感知和理解能力。

名师点拨

光学在激光技术的发展中扮演了核心角色，它不仅解释了光的聚焦和定向传播原理，还为精确测量、医疗手术和通信技术提供了技术基础，使得我们能够实现高精度的光控制，推动了现代科技的发展。

为什么物体的颜色是光学现象？

对于透明或半透明的物体，颜色是由物体吸收的光决定的。例如，一个红色的玻璃会吸收除红色以外的其他颜色的光，只允许红光通过，因此我们看到它是红色的。

对于不透明物体，颜色是由物体反射的光决定的。当白光（包含多种颜色的光）照射到物体上时，物体会吸收某些波长的光，而反射其他波长的光。我们所看到的颜色实际上是物体反射的光的颜色。

趣味小贴士

物体的颜色是光与物质相互作用的结果。

名师点拨

光学在彩色显示器的发明中扮演了核心角色，它不仅解释了光的三原色原理，还为色彩的再现和显示技术提供了理论基础，使得我们能够享受到丰富多彩的视觉体验，推动了现代显示技术的发展。

生活中有哪些光学科技产品?

光学科技产品是光学原理在现代生活中的应用，生活中有许多光学科技产品。以下是一些常见的光学科技产品：

（1）摄像头。现代智能手机中的摄像头用于拍照和视频通话；汽车上的摄像头用于实现车道偏离警告、车距检测等功能；监控摄像头实现安全监控等。

（2）光学传感器。光谱传感产品用于环境光或人造光源、颜色和物质的检测分析，支持大批量生产。

（3）运动光学元件。如用于运动步枪的瞄准镜和双筒望远镜的光学棱镜，提供精准的光学支持。

趣味小贴士

光学科技产品不仅是高科技的代表，也是光学原理在日常生活中的具体体现。

名师点拨

光学科技产品不仅提高了我们的生活质量，也推动了科学技术的发展。通过了解和使用光学科技产品，孩子可以学习到光学知识是如何转化为实际技术的。

物态变化考点少可以忽略吗？

物态变化是指物质在固态、液态和气态之间发生的相互转化过程。这些转化过程通常伴随着热能等能量的吸收或释放。物态变化是自然界中常见的现象，对于理解气候、天气以及许多化学和物理过程都至关重要。

虽然在考试中物态变化的知识点可能相对较少，但其在日常生活中的应用和科学原理的理解上却非常重要，不应被忽略。

趣味小贴士

物态变化不仅是物理课本上的概念，也是自然界中普遍存在的现象。

名师点拨

物态变化在制冷技术的发展中扮演了核心角色，它不仅解释了物质是如何从气态转换为液态或固态来实现冷却，还为空调、冰箱等家用电器的设计提供了理论基础，使得我们能够通过空调等调节室内温度，提高生活质量。

如何保证孩子探索电学时的安全？

电学是物理学中研究电荷、电场、电流、电压和电磁等电的现象和规律的分支。在孩子探索电学时，必须教会他们如何在实验中保护自己。为保证孩子探索电学时的安全，可以采取以下措施：

（1）成人监护。确保孩子在进行电学实验时有成人在场，以提供必要的指导和紧急干预。

（2）使用安全设备。使用绝缘工具和器材，避免孩子直接接触带电部件。

趣味小贴士

电学不仅是关于电流和电压的知识，它还涉及安全和责任。

名师点拨

电学的研究不仅对科技发展至关重要，也与我们的日常生活密切相关。电学在电力系统的发展中扮演了核心角色，它不仅解释了电的产生和传输，还为电器的设计和使用提供了理论基础，使我们能够享受到电力带来的便利。

为什么要鼓励孩子拆解小电器？

通过让孩子亲手拆解和研究小电器，可以向他们展示电器的工作原理和结构，让孩子看到科学实践的实用性和重要性。

鼓励孩子拆解小电器还有助于培养他们的动手能力和解决问题的能力。通过实际操作，孩子可以理解原理、激发好奇心、培养创新思维、锻炼自己的观察力和逻辑思维能力，还可以提高解决问题的能力。

趣味小贴士

拆解小电器不仅是一种娱乐活动，它还是一种学习科学原理和培养创造力的方式。

名师点拨

无论多伟大的发明家和工程师，都是从拆解和研究现有设备开始，逐步发展出自己的创新和改进的。在安全的前提下，鼓励孩子拆解小电器，可以培养他们对科技的好奇心和探索精神。

孩子对高压电好奇怎么办？

高压电器涉及高电压和高电流，对于孩子对高压电器的好奇心，可以采取以下措施。

（1）安全教育：向孩子解释高压电器的危险性，教育他们保持安全距离，不触摸或不靠近高压设备。

（2）科学解释：用孩子能理解的语言解释高压电器的工作原理，满足他们的好奇心。

（3）阅读材料：提供适合孩子阅读的电力和与安全相关的书籍和资料，增加他们的知识储备。

趣味小贴士

高压电器不仅是电力传输的工具，也是安全教育的重要内容。

名师点拨

高压电器在电力系统的发展中扮演了核心角色，确保了电的长距离传输，为城市的能源供应提供了保障。教育孩子正确对待高压电器，不仅是为了他们的个人安全，也是为了他们能够更好地理解和尊重科学。

孩子觉得电路图太抽象怎么办？

对于孩子觉得电路图太抽象的问题，可以采取以下措施。

（1）实物对照：使用实际的电路组件，让孩子对照电路图进行实际操作，将抽象的符号与具体的元件联系起来。

（2）分步教学：将复杂的电路图分解成简单的部分，逐步引导孩子理解每个部分的功能和连接方式。

（3）互动软件：利用电子电路模拟软件，让孩子在电脑上模拟电路的搭建和测试，增强直观感受。

趣味小贴士

理解电路图有助于培养孩子的空间想象力和逻辑思维能力。

名师点拨

在现代电子设备的设计与制造中，电路图不仅为电子设备的组装提供了详细指导，还为电路的故障诊断和维修提供了重要依据，使电子设备能够正常工作和维护，从而推动了现代电子学的发展。

孩子无法理解磁场的概念怎么办？

孩子无法理解磁场的概念，可以采取以下措施。

（1）直观演示：使用磁铁和铁屑等直观教具，让孩子观察磁铁如何吸引铁屑，感受磁场的存在。

（2）互动实验：让孩子参与制作电磁铁等实验，通过实际操作理解磁场的产生和变化。

（3）动画和视频：利用动画和视频资料，形象地展示磁场和磁力线，帮助孩子形成直观的认识。

趣味小贴士

磁场在自然界中无处不在，地球自身就是一个大磁体。

名师点拨

磁场在现代科技中有着广泛的应用，包括电力传输、电动机、发电机、磁存储设备（如硬盘）、磁共振成像（MRI），以及各种传感器等。理解磁场对于孩子们学习电磁学和相关技术至关重要。

为什么电磁可以相互转换？

从能量守恒的角度来看，电能和磁能可以相互转换，因为它们都是能量的不同形式。在电磁感应过程中，能量从一种形式转换为另一种形式，但总能量保持不变。

电磁相互转换的原理是现代电力和电子技术的基础，它不仅解释了自然现象，也是许多技术应用的核心。通过理解和利用这些原理，人类能够开发出各种电磁设备，极大地推动了科技的发展。

趣味小贴士

理解电磁转换有助于科学家探索宇宙中的物理现象，如恒星的能量产生和天体的磁场。

名师点拨

电磁转换在无线电通信的发明过程中扮演了核心角色，它不仅解释了电信号是如何转化为磁信号进行传输，还为信息的无线传输提供了技术基础，使得我们能够实现远距离的通信，推动了现代通信技术的发展。

如何让孩子意识到电磁波的存在？

让孩子意识到电磁波的存在可以通过一些简单、有趣且安全的实验和活动来实现：

（1）制作简易天线。用锡纸和电线制作一个简易的天线，连接到收音机上，让孩子看到天线是如何帮助接收更好的信号的。

（2）观察微波炉加热食物。微波炉使用微波（一种电磁波）来加热食物。让孩子观察食物在微波炉中加热的过程，解释微波是如何工作的。

趣味小贴士

理解电磁波可以帮助科学家探索宇宙中的物理现象，如太阳的光和热，以及其他星球发出的信号。

名师点拨

学习电磁波不仅是为了掌握一门科学知识，更是为了适应社会发展的需求，提升个人能力，以及为未来的科技创新和职业发展打下坚实的基础。

家里可以做的电磁实验有哪些？

在家里，可以尝试做以下电磁实验。

（1）简易电磁铁：先使用一根铁钉和一些绝缘电线，将电线缠绕在铁钉上，然后连接电池，观察铁钉是如何被磁化并吸引其他金属物品的。

（2）奥斯特实验：先将一根直导线放在一张纸上，上面撒上铁屑，然后给导线通电，观察铁屑如何排列，展示电流产生的磁场。

趣味小贴士

通过家庭电磁实验，孩子们可以直观地看到电和磁的相互作用，这有助于他们理解宇宙中的物理现象，如雷电的形成和地球的磁场。

名师点拨

通过这些家庭电磁实验，孩子们可以在实践中学习电磁转换的科学原理，同时培养他们的动手能力和科学探究精神。家庭电磁实验不仅能够增强孩子们对电磁学的理解，还能激发他们对科学的学习兴趣，为未来的学习和探索打下坚实的基础。

如何让孩子牢记密度概念？

首先，家长可以帮助孩子明确学习目标。通过日常生活中的例子，让孩子了解密度知识在日常生活中的应用，如不同饮料的密度不同导致的口感差异，让孩子感受到密度的实际意义，从而激发孩子的学习兴趣。

其次，家长可以带领孩子做一些与密度相关的实验，如进行不同物质的密度测量实验、制作密度柱等，通过直观的实验结果让孩子感受到学习密度的乐趣。

趣味小贴士

密度作为物理学中的一个基本概念，只有通过实验和理论的结合才能真正理解。

名师点拨

实验是物理学的核心，与孩子一起进行与密度相关的实验，不仅可以培养孩子的物理学习兴趣，同时还能让孩子迅速具备科学探究这一理科学习中的核心能力。

空气压强实验有哪些？

家长可以与孩子一起在家中做一些与空气压强实验有关的小实验，例如以下实验。

（1）瓶子吞鸡蛋实验：将一个煮熟的鸡蛋剥壳，放在一个瓶子口上，加热瓶子内的空气，然后迅速将瓶子倒置，观察鸡蛋被吸入瓶中的现象。

（2）纸片托水实验：将一张纸片盖在一个装满水的杯子上，然后倒置杯子，观察纸片如何托住水不流出来，展示大气压力的作用。

趣味小贴士

当我们乘坐电梯或者飞机时，有时会觉得耳朵被堵住了，其实这也和空气压强有关哦！

名师点拨

空气压强在科学、工程和日常生活中也有着广泛的应用。空气压强除了可以帮助我们理解天气变化，预测风暴、锋面等气象事件之外，还在航空、汽车设计和水力学，乃至人体健康等方面都发挥着非常重要的作用。

为什么重心概念非常重要？

重心对于建筑设计至关重要，它决定了建筑的稳定性和安全性；在机械设计中，重心的计算对于确保机器的平衡和效率至关重要；在体育和体操中，运动员必须理解自己身体的重心，以执行复杂的动作和保持平衡；在交通工程中，车辆的重心分布对于车辆的操控性和安全性有着重要影响；在雕塑和艺术创作中，艺术家需要考虑作品的重心，以确保其稳定性和美观……

趣味小贴士

在日常生活中，如搬运重物、骑自行车或驾驶车辆时，了解和控制重心有助于保持稳定和安全。

名师点拨

重心概念在科学和工程领域中发挥着重要作用。理解重心有助于我们更好地控制和预测物体的行为，从而提高效率和安全性。历史上的许多伟大建筑和工程奇迹，如金字塔、埃菲尔铁塔等，无一不是基于对重心深刻理解的成果。

如何帮助孩子理解排水量概念？

帮助孩子充分理解排水量概念，可以参考以下方法。

（1）船舶模型制作：制作船舶模型，让孩子直观感受不同排水量对船只稳定性和载重能力的影响。

（2）浮力实验：进行简单的浮力实验，如将不同重量的物体放入水中，观察其浮沉情况，解释排水量与浮力的关系。

（3）历史案例学习：通过学习历史上著名的航海事件和船舶设计，让孩子了解排水量在实际应用中的重要性。

趣味小贴士

让孩子在轻松愉快的氛围中学习排水量概念，并将其牢记在心，重要的是要鼓励孩子提问和探索，让他们在实践中学习和理解排水量。

名师点拨

浮力原理是船舶工程的核心。与孩子一起探讨船只如何在水面上漂浮，不仅可以培养孩子的工程学习兴趣，同时还能让孩子迅速具备逻辑思维这一理科学习中的核心思维。

如何让初中物理知识活起来？

初中物理是孩子们接触科学世界的起点，通过模型和概念的学习，可以帮助他们更好地理解物理现象和原理。

通过家庭实验，如制作简易电路、观察植物的光合作用等，让孩子亲身体验物理现象；鼓励孩子制作物理模型，如太阳系模型、原子结构模型等，以直观的方式理解抽象的物理概念；设计一些与物理知识相关的游戏，如利用纸飞机探索空气动力学，让孩子在玩乐中学习物理……

趣味小贴士

物理学科的特点是实验与理论相结合，模型和概念作为物理学习中的重要工具，只有通过实验和理论的结合才能真正理解。

名师点拨

实验是物理学科的核心，与孩子一起进行物理实验，鼓励学生提问和讨论，对学生的学习成果给予积极的反馈。

为什么自由落体知识非常重要？

自由落体是最简单的重力作用下的运动，理解它有助于孩子掌握更复杂的物理概念。在建筑设计、桥梁建设等领域，考虑物体的自由落体运动对于确保结构安全至关重要；了解自由落体可以帮助孩子理解高空坠落的危险，增强安全意识；自由落体是航空航天领域中不可或缺的知识，对于理解卫星轨道、火箭发射等至关重要；自由落体的概念在探索其他星球的重力环境时也发挥着重要作用。

趣味小贴士

伽利略被认为是第一个系统研究自由落体运动的科学家，他的实验和理论对牛顿运动定律的发展起到了重要作用。

名师点拨

自由落体运动的研究不仅加深了我们对自然界的理解，也为技术发展和工程设计提供了重要的理论基础。自由落体的概念也可以与其他学科如数学、计算机科学等结合，促进跨学科的学习和研究。

如何记牢自由落体知识?

自由落体是物理学中描述物体在重力作用下自由下落的运动规律的概念，是理解经典力学和天体物理学的基础。可以通过以下方式帮助孩子记牢自由落体知识。

（1）直观实验：通过简单的自由落体实验，如同时释放不同质量的物体，让孩子观察它们的下落情况，直观理解自由落体的概念。

（2）互动讨论：与孩子一起讨论自由落体现象，如为什么雨滴会落到地面上，引导孩子用自由落体的知识来解释。

趣味小贴士

比萨斜塔实验证明了轻重不同的物体，从同一高度坠落，加速度一样，它们将同时着地。

名师点拨

通过实验和实践活动，孩子可以直观地观察物体的运动，理解自由落体的物理原理。在保证安全的前提下，鼓励孩子进行自由落体实验，可以培养他们对物理的好奇心和探索精神。

为什么说滑轮是杠杆的变体？

定滑轮固定在一个位置，不随物体移动，它不减少施加力的努力，但可以改变力的方向，实质是等臂杠杆；动滑轮随着被提升的物体一起移动，它通常可以将所需的力减少一半，但不会改变力的方向，实质是动力臂为阻力臂两倍的杠杆。

趣味小贴士

滑轮是简单机械的一种，它结合了杠杆原理和轮轴原理。只有理解了这些原理，孩子们才能更好地掌握滑轮的工作原理。

名师点拨

滑轮的使用最早可以追溯到古代文明时期，如古埃及和古罗马，用于提升重物和建筑结构。滑轮作为古代重要的机械工具之一，其设计和应用体现了古人的智慧。学好滑轮的原理和应用，对于理解现代机械和工程设计有着重要的意义。

如何让孩子牢记滑轮组的知识？

让孩子牢记滑轮组的知识可以通过以下一些有趣、互动和实践的方法来实现：

（1）使用动画和视频来展示滑轮组的工作原理，让孩子看到滑轮组是如何减少力和改变力的方向。

（2）制作或购买一些简单的滑轮组模型，让孩子亲手操作，体验滑轮组的效果。

（3）设计一些游戏，如“滑轮组挑战赛”，让孩子通过使用滑轮组来完成特定的任务，比如提升重物或拉动物体。

趣味小贴士

学习滑轮组可以激发孩子的创新思维，鼓励他们设计新的机械装置或改进现有工具。

名师点拨

当孩子通过学习滑轮组解决了实际问题或完成了项目时，他们就会产生成就感，这是继续学习的强大动力。对于未来希望从事工程、建筑或相关领域工作的孩子来说，学习滑轮组是职业规划的一部分。

有哪些资源可以帮孩子学物理？

物理学是研究自然界最基本的规律和结构的科学，它不仅包含理论知识，还与实验和应用紧密相关。推荐以下优质的学习物理学资源。

（1）国家中小学智慧教育平台：提供丰富的中小学教育资源，包括物理课程。

（2）PhET互动仿真程序：提供大量的交互式模拟实验，帮助学生直观地理解物理学原理。

趣味小贴士

网络资源的便捷性使得学生可以随时随地学习，这种灵活性是传统课堂难以比拟的。

名师点拨

许多在线平台允许学生根据自己的进度和兴趣选择课程，这种个性化的学习体验可以提高学习效率和动力。通过这些网站提供的资源和工具，学生可以更有效地学习物理，同时也能享受到学习的乐趣和成就感。

如何记住纷繁复杂的物理量？

物理量是物理学中用来描述物理现象和物体属性的量，它们通常具有数值和单位，可以分为基本物理量和导出物理量。记住纷繁复杂的物理量需要一些策略和方法，以下是一些建议：

（1）理解而非死记硬背。理解物理量的定义、单位和物理意义，比单纯记忆更为重要。

（2）分类记忆。将物理量按照类别（如力学、电磁学、热力学等）进行分类，有助于系统化记忆。

（3）联想记忆。将抽象的物理量与日常生活中的具体事物联系起来，通过联想来记忆。

趣味小贴士

理解和记忆物理量的关键是要掌握它们之间的联系和转换关系。

名师点拨

物理学是研究物质和能量的基本规律的科学，物理量是描述这些规律的基本工具。只有理解了各种物理量的含义和关系，才能学好物理。

理科素养提升

化学篇

孩子对化学有畏惧感怎么办？

化学是研究物质的组成、结构、性质以及变化规律的科学，在实际应用中具有重要意义。在医药、材料科学、环境保护等领域，化学的概念用于开发新药物、新材料和保护环境，是实际应用中不可或缺的一部分。

对于孩子对化学有畏惧感的问题，可以采取以下措施。

（1）增加趣味性：通过有趣的实验和互动活动，让孩子在乐趣中学习化学，减少对化学的畏惧感。

（2）实际应用：将化学知识与日常生活联系起来，让孩子看到化学的实际应用和价值。

趣味小贴士

化学不仅是科学中的一个基本概念，它们还在日常生活中随处可见，体现了科学的实用性和普遍性。

名师点拨

化学的知识不仅是科学的基础，也是探索未知领域的重要工具。它激发了无数科学家对科学真理的探索，推动了科学乃至技术的发展。通过对化学的学习，孩子可以掌握科学的核心思想，为进一步探索更高级的科学概念打下坚实的基础。

为什么说化学并不难？

学习化学并不难。

首先，化学具有规律性。化学中存在许多规律性的知识，如元素周期律、化学反应的规律等，掌握这些规律可以帮助学生更轻松地理解和预测化学现象。

其次，化学中计算少。相较于其他理科，化学中的计算相对较少，更多地侧重于理解和应用概念和规律。化学是一门实验科学，通过实验可以直观地观察和理解化学反应，这使得学习过程更加直观和有趣。

趣味小贴士

虽然化学需要记忆一些基础概念和规律，但更重要的是理解这些规律背后的原理，这有助于对化学知识的理解。

名师点拨

化学并不难是因为它有着清晰的理论基础、实验验证、与生活的紧密联系以及丰富的学习资源，这些都使得化学对于学生来说可以是易于理解和掌握的。当然，每个人的学习体验不同，因而对化学的难易感受也会有所不同。

为什么学化学要多使用卡片？

首先，学化学使用卡片便于记忆。化学中有许多需要记忆的内容，如元素周期表、化学反应式等，使用卡片可以帮助学生更有效地记忆这些信息。

其次，卡片可以提供直观的视觉辅助，帮助学生更好地理解和记忆化学概念和反应。

最后，卡片便于携带，学生可以随时随地复习，帮助学生迅速回顾重点知识，提高学习效率。卡片的使用还可以增加学习的互动性，如通过卡片游戏、配对练习等方式，使学习过程更加有趣。

趣味小贴士

通过不断重复查看卡片，可以利用间隔重复的原理加强记忆，这是基于艾宾浩斯遗忘曲线的记忆方法。

名师点拨

卡片上写上化学术语、公式、元素周期表等信息，可以反复查看和测试，有助于加强记忆，还可以根据孩子不同的学习阶段和需求，随时更新和调整卡片内容。

为什么要先熟记化学根本概念？

掌握化学根本概念有助于学生在遇到化学问题时，能够运用基本理论和概念进行分析和解答。在化学实验中，理解化学根本概念是进行正确操作和解释实验结果的前提，有助于培养学生的科学思维和逻辑推理能力。

化学根本概念与物理、生物等其他学科有紧密联系，掌握这些概念有助于跨学科学习。化学根本概念是终身学习的基础，无论是在学术研究还是日常生活中，这些概念都是不可或缺的。

趣味小贴士

对化学根本概念的熟练掌握可以提高学习效率，因为新知识往往是在旧知识的基础上进一步发展的。

名师点拨

化学中有许多相似或容易混淆的概念，熟记根本概念有助于区分这些概念，避免在学习中产生误解。当学生理解并能够应用化学根本概念时，他们往往会对化学产生更浓厚的兴趣，这有助于提高学习动力。

如何快速让孩子理解元素知识？

想要快速让孩子理解元素知识，可以使用积木或其他实物模型来模拟原子和分子的结构，帮助孩子直观理解元素是如何组成物质的。

通过动手搭建积木，孩子可以亲身参与到元素组合的过程中，增强学习的互动性和趣味性。就像积木有不同的形状和颜色一样，元素也有不同的特性，通过分类整理帮助学生理解元素周期表。

将复杂的化学概念简化为像搭积木这样的简单动作，更容易帮助孩子理解和记忆。

趣味小贴士

通过创新有趣的游戏模式，激发孩子对化学学科学习的乐趣，使他们能够主动探寻化学。

名师点拨

化学知识与生活息息相关，利用生活情境和各种游戏可以激发学生的求知欲。了解这些基本的元素知识点有助于构建学生对化学更深入理解的基础，并且对于学习更高级的化学概念和参与科学实验也是必要的。

组成物质的是什么？

原子、分子和离子是构成物质的基本单位，是化学中描述物质组成和结构的基础。

原子是物质不可分割的基本单位，分子是由两个或多个原子通过化学键结合而成的，离子是带有电荷的原子或分子。化学反应本质上是原子之间的重新排列和组合，分子和离子参与反应，形成新的物质。物质的固态、液态和气态等状态与原子、分子和离子的排列和运动方式有关。

趣味小贴士

原子、分子和离子是连接宏观物质世界和微观粒子世界的桥梁。在宇宙中，恒星和行星的形成与原子、分子和离子的相互作用密切相关。

名师点拨

在化学反应中，原子、分子和离子可以重新排列和组合，形成新的化合物。这种变化是物质转化的基础，也是化学研究的核心。

原子是由什么构成的？

原子是物质的基本构成单位，许多科学的基本理论和性质都与原子的构成有关，例如原子核、电子云和量子力学等。

原子的中心部分是原子核，包含质子和中子，质子是带有正电荷的粒子，其数量决定了元素的原子序数；中子是中性的，没有电荷，影响原子的质量和稳定性。原子核之外，围绕原子核运动的负电荷粒子是电子。

趣味小贴士

同位素是具有相同原子序数但不同质量数（即不同中子数）的原子。

名师点拨

原子理论是理解化学反应、材料性质和生物过程的基础，它在化学、物理学、生物学和工程学等领域都有广泛的应用。原子是构成我们周围物质世界的基本构建块，对它们的研究和理解是现代科学的核心。

元素周期表为什么那么重要？

元素周期表是化学中描述元素基本特性和它们之间关系的基础工具。

元素周期表是化学教育的基础，帮助学生建立起对化学元素和化合物的基本理解。元素周期表在物理、生物、地质等学科中也有应用，是跨学科研究的重要工具。

趣味小贴士

元素周期表最早由俄罗斯化学家门捷列夫在1869年提出，他不仅将元素按照原子量排序，还预测了一些尚未发现的元素的性质。

名师点拨

元素周期表由行（周期）和列（族）组成，共有7个周期和18个族。元素按照原子序数递增的顺序从左到右、从上到下排列。元素的性质（如电负性、原子半径等）随着原子序数的增加呈现出周期性变化，这被称为元素周期律。

初中时期需要记住的元素有哪些？

在初中化学学习中，学生需要记住一些基本的元素，这些元素是构成自然界中大多数物质的基础，并且与日常生活和进一步的化学学习密切相关，在实际应用中具有重要意义。初中时期，需要记住元素周期表的前36个元素。

这些元素构成了化学学习的基础，帮助学生理解物质的组成和性质。通过学习这些元素，学生可以开始理解元素周期律，即元素的性质如何随着原子序数的增加而周期性变化。

趣味小贴士

在化学实验中，学生需要识别和处理这些元素及其化合物，因此需要记住它们的名称和符号。

名师点拨

初中化学课程标准通常要求学生掌握这些基本元素，以确保他们具备继续深造化学的基础知识。记住这些元素有助于培养学生的科学素养，为进一步的科学学习打下坚实的基础。

元素为什么要分成三类?

金属元素、非金属元素和稀有气体元素在物理性质和化学性质上存在显著差异，分类有助于更好地理解和预测它们的行为；元素周期表中的元素按照原子序数递增排列，显示出周期性规律，这种规律在这三类元素中尤为明显。

趣味小贴士

金属元素通常是好的导电体和热导体，非金属元素在化学反应中通常表现为氧化剂，稀有气体元素则因其稳定的电子结构而化学性质稳定。

名师点拨

在工业、医药和科研等领域，这三类元素的应用非常广泛，分类有助于针对性地开发和利用这些元素。

“原子最外层电子数”多重要?

原子最外层电子数决定了元素形成化学键的能力,影响化合物的稳定性和性质;元素周期表中的元素按照原子序数递增排列,最外层电子数的变化呈现出周期性规律;原子最外层电子数影响元素的氧化态和参与氧化还原反应的能力;最外层电子数决定了原子的电子排布,这是理解元素化学性质的基础;元素的化学活性在很大程度上取决于其最外层电子数。

趣味小贴士

通常,金属元素的最外层电子数较少(1—3 个),这使得它们倾向于失去这些电子以达到稳定的电子排布,形成正离子。

名师点拨

最外层电子数的概念对于理解元素的化学行为至关重要,它决定了元素如何与其他元素结合,形成分子和化合物。为什么元素周期表能够按照元素的化学性质进行排列?因为最外层电子数的变化呈现出周期性规律,这就是所谓的元素周期律。

为什么化学品有多个名称？

不同地区和文化在化学发展早期可能独立地发现了同一化学物质，因此给予了不同的名称；不同语言中对化学物质的命名方式存在差异，导致了同一化学品有多种语言的名称；为了保护品牌或专利，化学品可能有一个或多个商业名称……

为了促进全球科学交流和合作，化学品的命名趋向于标准化，如IUPAC命名法；在国际贸易和药品监管中，准确的化学品名称对于确保安全和遵守法规至关重要。

趣味小贴士

同一化学品的多个名称不仅是化学中的一个常见现象，它们还在全球科学交流和合作中扮演着重要角色，体现了科学的国际性和多样性。

名师点拨

通过对化学品多个名称的学习，孩子可以掌握化学命名的基本原则，为进一步探索化学领域和参与国际科学交流打下坚实的基础。

如何用游戏让孩子记住化学式规则？

化学式是表示化学物质组成的符号，它显示了化合物中各元素的类型和比例。用游戏让孩子记住化学式规则，有以下方法。

（1）化学拼图：设计拼图游戏，让孩子通过拼凑化学式来学习化合物的组成。

（2）角色扮演：让孩子扮演不同的元素，通过角色互动来模拟化学反应和化学式书写。

趣味小贴士

化学式中各元素的原子数量必须符合实际的化学计量比，如 Fe_2O_3（氧化铁）表示每个氧化铁分子中有 2 个铁原子和 3 个氧原子。

名师点拨

化学方程式不仅显示反应物和生成物的化学式，还显示了它们之间的化学计量关系。化学式可以用来计算化合物的分子量，即组成原子的原子量之和。遵循这些规则，化学式能够准确地描述化学物质的组成和结构，是化学领域中不可或缺的一部分。

学化学为什么要长期积累？

化学的基础知识需要通过长期的学习和实践来构建和巩固；化学中的复杂概念，如分子结构、化学动力学等，需要在基础知识的基础上逐步理解和掌握；化学实验技能和操作需要通过长期的实践和经验积累来培养；科学思维和解决问题的能力需要在长期的学习和思考中发展；化学与物理、生物等学科交叉，需要整合多学科知识，这需要长期的学习和积累。

趣味小贴士

对于有志于科学研究的学生来说，化学领域的深入研究需要长期的学习和探索。

名师点拨

化学是一门需要长期积累和持续学习的学科，这种积累不仅包括知识的记忆，还包括技能的培养、思维的训练和经验的积累。通过长期的学习和实践，学生能够更好地理解和应用化学知识，为未来的学术和职业发展打下坚实的基础。

初中阶段要记住哪些化学之最?

最轻的元素：氢（H），原子序数1，也是宇宙中最丰富的元素；最重的元素：锇（Os），原子序数76，是目前已知最重的稳定元素。

最硬的自然物质：金刚石，由碳（C）元素构成，是自然界中最硬的物质；最软的自然物质：石墨，也是由碳（C）元素构成，但结构与金刚石不同，是最软的自然物质之一。

还有很多，请自行探索吧！

趣味小贴士

通过对化学之最的学习，孩子可以拓宽化学知识的视野，为进一步探索化学领域和参与科学研究打下坚实的基础。

名师点拨

这些“化学之最”涵盖了元素、化合物、物理性质和化学性质等多个方面，通过了解这些极端情况，学生可以更好地理解化学的多样性和复杂性。

如何在家里做溶解与结晶实验？

在家里做溶解与结晶实验，需要按照以下步骤进行。

（1）准备材料：准备一些可以溶解在水中的物质，以及水、杯子、搅拌棒和冰箱。

（2）制作饱和溶液：将选定的物质逐渐加入水中，不断搅拌，直到形成饱和溶液。

（3）冷却结晶：将饱和溶液放入冰箱中冷却。

（4）收集晶体：使用过滤器或纸巾收集晶体，然后晾干。分析结果。

趣味小贴士

溶解与结晶在日常生活中随处可见，如糖在水中溶解，盐从海水中结晶。

名师点拨

通过溶解与结晶实验，学生可以直观地理解溶解和结晶的过程，并观察到物质在不同条件下的变化，有助于学生理解化学原理，还能培养学生的观察能力和实验技能。

如何在家中自制泡沫灭火器？

在家中自制泡沫灭火器需要以下几个步骤。

（1）准备材料：准备一些可以制作泡沫灭火器的材料，如洗洁精、小苏打、白醋、水、空的塑料瓶和泡沫泵头。

（2）制作溶液：将一定比例的洗洁精、小苏打和水混合在塑料瓶中，搅拌均匀。

（3）加入醋酸：将白醋倒入混合液中，观察泡沫的产生。

（4）安装泡沫泵头：将泡沫泵头固定在塑料瓶口，确保密封。

（5）测试泡沫灭火器：轻轻按压泵头，观察泡沫的产生和喷射效果。

趣味小贴士

泡沫灭火器在家庭、工厂、办公室等场所适用，特别是在厨房、仓库和加油站等易发生火灾的地方。

名师点拨

确保在通风良好的地方进行实验，避免吸入气体。不要将自制泡沫灭火器用于扑灭电器火灾或易燃液体火灾。通过这个实验，学生不仅能够学习到泡沫灭火器的工作原理，还能培养他们的实验技能和科学探究兴趣。

为什么化学火焰是最可怕的火焰？

化学火焰被认为是“最可怕的火焰”是因为以下几个方面。

（1）高温和热损伤：化学火焰通常温度非常高，可以迅速造成严重的热损伤和烧伤。

（2）难以扑灭：一些化学火焰不能用常规方法扑灭，需要特殊的灭火剂或方法，这增加了处理难度。

（3）持续燃烧：某些化学物质即使在氧气稀薄的环境中也能持续燃烧，使得火焰更难被扑灭。

趣味小贴士

由于对化学火焰的危险性和处理方法缺乏足够的了解，人们可能会感到更加害怕。

名师点拨

人们对未知或不可控的事物通常有恐惧感，化学火焰的复杂性和潜在的破坏力可能引发人们的恐惧。在实验室和工业环境中，严格的安全规程和专业的设备可以有效地控制和利用化学火焰，以确保安全和利用效率。

家中可以做的分解反应有哪些？

（1）加热小苏打（碳酸氢钠）：

小苏打在加热时会分解成碳酸钠、水和二氧化碳。

反应方程式：$2NaHCO_3 \rightarrow Na_2CO_3 + H_2O + CO_2\uparrow$

实验步骤：将小苏打放在一个敞口的容器中，用酒精灯或家用煤气炉加热，观察其分解并释放气体。

（2）酵母发酵：

酵母在发酵过程中分解糖分，产生二氧化碳和酒精。

反应方程式：$C_6H_{12}O_6 \rightarrow 2C_2H_5OH + 2CO_2\uparrow$

实验步骤：在面团中加入酵母，观察面团膨胀。

趣味小贴士

孩子在进行任何化学实验时，都应有成人监督，并确保实验材料和反应产物远离儿童和宠物。

名师点拨

分解反应在化学中的重要性和广泛应用不仅涉及物质的转化，也是理解和探索化学反应的重要途径。

如何在家中安全制取氢气?

氢气是一种易燃的气体，在家中制取氢气需要非常小心，以确保安全。以下是一个在家中安全制取氢气的方法：

可以在醋酸（家里的醋里就有，不过浓度比较低）中加入铁，通过化学反应产生氢气。这种方法产生的氢气量较少，反应速度慢。

趣味小贴士

避免在制氢过程中使用明火或出现火花，以防引发爆炸。

名师点拨

在家中制取氢气时，必须严格遵守安全规程，因为氢气具有易燃性，与空气混合后可能形成爆炸性混合物。应在通风良好的环境中进行实验，避免吸入有毒气体，避免泄漏和积聚。孩子应在成人监督下进行实验，并确保了解所有安全风险。

如何使用双氧水制取氧气？

使用双氧水制取氧气，需要按照以下几个步骤进行。

（1）准备材料：需要双氧水（通常为3%或更高浓度）、催化剂（如酵母、肝脏催化剂或二氧化锰）、容器、水槽或试管、气球或收集瓶。

（2）加入催化剂：将少量催化剂加入含有双氧水的容器中。

（3）观察反应：双氧水在催化剂的作用下分解，产生氧气和水。

（4）收集氧气：将气球或收集瓶倒置在水槽中，氧气会将水排出，充满气球或收集瓶。

趣味小贴士

双氧水制氧反应产生的副产品是水，对环境无污染。

名师点拨

双氧水制氧实验是初级化学实验中的一个重要部分，可以帮助学生掌握实验室制取和收集氧气的方法及其实验的操作技巧。双氧水制氧实验使学生能够直观地观察和理解分解反应的原理，即一种物质分解成两种或两种以上物质的过程。

如何对孩子进行化学安全教育？

对孩子进行化学安全教育，要做到以下几点：

第一，要教孩子了解化学安全知识，教育孩子识别危险化学品，了解它们的性质和潜在危害；

第二，学习安全操作规程，教授孩子如何正确使用化学实验设备和仪器，以及如何遵循实验室安全规程；

第三，穿戴适当的防护装备，教育孩子在进行化学实验时必须戴防护眼镜、手套，穿实验服。

趣味小贴士

学习如何安全处理和处置化学废物，可以减少对环境的污染和破坏。

名师点拨

学习化学安全教育有助于培养学生的责任感，使他们在进行化学实验时更加谨慎，意识到自己行为的后果。化学安全教育不仅涉及安全操作，还包括对化学反应、物质性质和实验设计的理解，能够提高学生的科学素养和批判性思维能力。

孩子记不住化合价知识怎么办？

在学习化学的过程中，孩子常常记不住化合价知识，我们可以采取以下措施：

第一，可以使用记忆技巧，教授孩子使用联想记忆、首字母法或歌曲来帮助记忆化合价；第二，可以制作学习卡片，制作化合价卡片，让孩子在空闲时间进行复习；第三，互动学习，通过游戏、竞赛或小组讨论等互动方式，使学习化合价变得更加有趣。

趣味小贴士

化合物中各元素的化合价的代数和必须为零，这是化合物中电荷平衡的基本原则。

名师点拨

化合价是化学中一个基础而重要的概念，它能帮助我们理解和预测原子如何结合形成化合物，以及它们在化学反应中的行为。

为什么要牢记金属活动性顺序？

金属活动性顺序可以帮助孩子预测哪些金属会与酸反应，以及反应的剧烈程度。金属活动性顺序解释了为什么某些金属能从它们的盐溶液中置换出其他金属。

金属活动性顺序是高中和大学化学课程的基础知识，为进一步的化学学习打下坚实的基础。掌握金属活动性顺序有助于培养孩子的科学素养，提高他们对化学世界的认识。

趣味小贴士

金属活动性顺序表列出了金属按照它们失去电子能力（即氧化）的相对强弱排列。

名师点拨

金属活动性顺序用于预测金属之间的置换反应，即活性较强的金属能够从其盐溶液中置换出活性较弱的金属。金属活动性顺序是化学教育中的一个重要概念，它可以帮助学生理解金属的化学性质和反应性。

如何在家中制作简易电池？

在家中制作简易电池，需要以下三个步骤。

（1）准备材料：需要柠檬（或其他酸性水果）、铜和锌硬币（如铜币和镀锌螺丝）、镀锌钉、导线、小灯泡。

（2）制作电极：将铜币和镀锌钉插入柠檬的不同位置，它们将作为电池的正负电极。

（3）连接电路：用导线将电极连接起来，并连接到小灯泡上。

趣味小贴士

在某些紧急情况下，简易电池可以作为临时电源使用。

名师点拨

简易电池虽然简单，但它展示了电池的基本原理，是理解和探索电化学的基础。通过制作简易电池，学生可以直观地学习电能的产生和电路的工作原理。

为什么王水能把黄金溶解？

首先，是因为强酸性环境。王水由浓盐酸和浓硝酸混合而成，提供了强酸性环境，能够攻击金属的电子结构。其次，硝酸在王水中提供了强氧化性，能够氧化黄金等贵金属。最后，盐酸和硝酸的混合不仅增强了酸的强度，还提供了氯离子，这些氯离子能够与黄金形成络合物，进一步促进溶解。

趣味小贴士

王水被广泛用于金属的表面处理和清洗，去除金属表面的氧化层、锈蚀物和其他污垢。

名师点拨

王水的特性使其在化学领域中具有重要的意义和广泛的应用，但同时也需要在使用时采取严格的安全措施。

如何在家中制作酸碱指示剂？

在家中制作酸碱指示剂，需要以下几个步骤。

（1）选择天然材料：可以使用紫甘蓝、红甘蓝或者某些水果和蔬菜，它们含有可以在不同pH值下变色的天然色素。

（2）提取色素：将选定的材料切碎或榨汁，用水煮或浸泡的方式提取色素。

（3）制作溶液：将提取的色素过滤后，制成指示剂溶液，可以存放在小瓶中备用。

（4）测试酸碱性：将自制的酸碱指示剂溶液滴入不同pH值的溶液中，观察颜色变化。

趣味小贴士

常见的酸碱指示剂石蕊，在酸性溶液中呈红色，在碱性溶液中呈蓝色。

名师点拨

酸碱指示剂提供了一种简单、快速且成本效益高的方法来测定溶液的酸碱性。尽管酸碱指示剂通常很安全，但仍应按照化学品安全指南进行处理。指示剂的敏感性和精确度有限，对于需要精确pH值的实验，应使用pH计。

如何自制暖宝宝？

自制暖宝宝，需要准备铁粉、水、盐、活性炭、蛭石等材料，这些可以在化工商店或网上购买。铁粉与空气中的氧气和水反应，生成氢氧化铁，这个过程是放热的。添加盐可以增加反应速率，而活性炭和蛭石可以帮助控制反应速率和保温。

在使用时，通过加水激活铁粉的氧化过程，释放热量。

趣味小贴士

可以准备无纺布袋或布料作为暖宝宝的外包装，提供舒适感。

名师点拨

处理铁粉时，应避免粉尘吸入，最好在室外或通风良好的地方进行。自制暖宝宝是一种既有趣又有教育意义的活动，它不仅能够让孩子了解化学反应的基本原理，还能让他们体验科学实验的乐趣。同时，自制的暖宝宝也可以在需要时提供实际的温暖。

哪些优质资源可帮孩子学习化学？

以下是一些公开的优质资源，可以帮助孩子学习化学。

（1）我爱化学、化学教育资源网、化学网上课堂、先得化学资源网和K12中国中小学教育教学网：这些网站涵盖了从基础到高级的化学学习资源，包括理论知识及实验技能，从在线课程到互动社区，为不同水平的学习者提供全面支持。

（2）化学自习室：这是一个公益性网站，提供丰富的高中化学知识，包括氧化还原反应、钠与碱金属、烃与卤代烃等多个化学主题的详细讲解。

趣味小贴士

有一些化学通报可以提供化学领域的最新资讯和学术文章，适合深入研究化学的学生和专业人士。

名师点拨

通过这些网站，孩子们可以更深入地了解化学，激发他们对化学学习的兴趣和探索精神。

家校共育3

塑造语言

学习环境

冯庆军　骆瑞娟◎著

助孩子爱上语文和英语

中国出版集团
中译出版社

图书在版编目（CIP）数据

塑造语言学习环境 / 冯庆军，骆瑞娟著 . -- 北京 ：中译出版社，2025. 3. --（家校共育）. -- ISBN 978-7-5001-8163-7

I. G624.203

中国国家版本馆 CIP 数据核字第 2025B4G515 号

塑造语言学习环境

SUZAO YUYAN XUEXI HUANJING

出版发行：中译出版社
地　　址：北京市西城区新街口外大街 28 号普天德胜大厦主楼 4 层
电　　话：010-68002876
邮　　编：100088

责任编辑：张　旭
文字编辑：李雪梅

印　　刷：三河市祥达印刷包装有限公司
规　　格：710毫米 × 1000毫米　1/16
印　　张：6
字　　数：45千字
版　　次：2025年3月第1版
印　　次：2025年3月第1次

ISBN 978-7-5001-8163-7　定价：139.00元（全4册）

前言

语文与英语的学习对孩子的成长和未来发展具有深远的影响。语文不仅是民族文化的瑰宝，蕴含着数千年的智慧与情感，而且学好语文能让孩子深刻理解本土文化，提高思维能力与审美素养，为他们在人际交往和学业进步中打下坚实的基础。而英语则是一扇通往世界的窗口，熟练掌握英语，孩子便能在更广阔的国际舞台上进行交流、学习与竞争，获取丰富的知识资源，拓宽视野，迎接多元文化的挑战与机遇。

然而，语言学习并非一蹴而就，它需要长期的积累和沉浸式的环境熏陶。在学校教育中，教师们通过系统的课程设置、精心的教学设计，传授基础知识，培养基本技能，为孩子们开启了语文与英语学习的大门。但仅靠学校的力量是远远不够的，家庭作为孩子成长的第一环境，在家校共育中扮演着不可或缺的角色。

在家中，家长们可以营造充满书香气息的氛围，与孩子共读经典名著，分享阅读感悟，让语文学习在潜移默化中生根发芽。在日常的对话交流中，注重语言的规范性与丰富性，鼓励孩子用清晰、准确、生动的语言表达自己的想法，无论是讲述生活趣事，还是讨论社会现象，都能成为锻炼语文能力的契机。同时，借助现代科技手段，为孩子播放优质的语文学习音频、视频，如诗词朗诵、故事讲述等，使孩子在课余时间也能沉浸在语文的魅力之中。

在英语学习方面，家长可以根据孩子的年龄和学习阶段，选择合适的英语绘本、动画、歌曲等资源，与孩子一起欣赏学习。鼓励孩子在日常生活中运用简单的英语单词和短语，如问候语、物品名称等，创设轻松愉快的英语交流情境。例如，在家庭聚会时，组织一些英语小游戏，像单词接龙、角色扮演等，以此激发孩子学习英语的兴趣和积极性。

本书是一些一线优秀教师数十年教学经验的集萃，以孩子们在这一过程中表现出来的特质为基础，挖掘了许多家校共育过程中构建语文和英语学习环境的方法，并以问题与解答的形式配以插图进行趣味展示，不仅有助于孩子在学业上取得优异成绩，而且能培养他们对语言学习的热情和自主学习能力，为其终身学习奠定良好的基础。让我们携手共进，为孩子们打造一个充满语言魅力、富有文化底蕴的成长空间，助力他们在语文与英语的学习之路上茁壮成长，迈向更加辉煌的未来。

目录

塑造语言学习环境　语文篇

学好语文能全面提高学习能力吗？ …… 2
为什么学习语文不能急功近利？ …… 3
汉字是最优美的文字吗？ …… 4
孩子有必要认识繁体字吗？ …… 5
认识多少汉字能学好语文？ …… 6
练习书法能提高语文能力吗？ …… 7
孩子总是喜欢生僻词好不好？ …… 8
为什么语文教材变了？ …… 9
为什么汉语一直在进化？ …… 10
家庭是学习语文的最主要场所吗？ …… 11
为什么学习语文要关注时事？ …… 12
如何把语文学习融入生活？ …… 13
如何让孩子在娱乐中学习语文？ …… 14
知识层级低如何辅导孩子学习语文？ …… 15
如何在家庭环境中塑造语文学习环境？ …… 16
如何用卡片帮孩子积累语文知识？ …… 17
孩子不愿意开口朗读怎么办？ …… 18
孩子字词句积累不够怎么办？ …… 19
成语为什么不能乱用？ …… 20

为什么说成语是“超链接”？…… 21
为什么说背诵能提升多方面的素养？…… 22
如何让孩子爱上背诵？…… 23
孩子的口头表达能力弱怎么办？…… 24
现代人还有必要学习文言文吗？…… 25
如何让孩子喜欢文言文？…… 26
学会情绪表达对孩子有多重要？…… 27
孩子羞于文字表达怎么办？…… 28
如何让孩子与文学形象产生共鸣？…… 29
如何给孩子挑选课外读物？…… 30
如何防止孩子沉迷于阅读课外书？…… 31
孩子阅读速度很慢怎么办？…… 32
快速阅读有什么技巧？…… 33
如何引导孩子发现生活中的趣事？…… 34
如何让孩子养成写日记的习惯？…… 35
孩子不会使用修辞手法怎么办？…… 36
旅游能增长语文知识吗？…… 37
如何辅导孩子预习语文？…… 38
如何提高孩子的写作技巧？…… 39
孩子一写作文就头疼怎么办？…… 40
不同的作文体裁都能培养什么能力？…… 41
孩子写作文爱抄袭怎么办？…… 42
参加辩论能提高作文写作能力吗？…… 43
总结…… 44

塑造语言学习环境　英语篇

汉语中有哪些英语词汇？…………………………46
中国逐渐强大，学英语有必要吗？…………………47
为什么汉语词汇走入了英语？………………………48
经济条件有限，能学好英语吗？……………………49
孩子在什么年龄段学习英语最好？…………………50
孩子觉得英语枯燥无味怎么办？……………………51
孩子觉得学英语没有用怎么办？……………………52
英语能增强孩子哪些能力？…………………………53
学好英语的三大关键是什么？………………………54
如何给孩子提供英语学习环境？……………………55
如何系统提高孩子的英文能力？……………………56
每天花多少时间学英语比较好？……………………57
孩子总是记不住英语单词怎么办？…………………58
记忆卡片能帮助记英语单词吗？……………………59
记住多少英语单词能流畅表达？……………………60
孩子用汉语语法说英语怎么办？……………………61
如何避免孩子学成“哑巴英语”？…………………62
孩子英文阅读速度很慢怎么办？……………………63
孩子羞于用英语讲话怎么办？………………………64
孩子喜欢用英语说脏话怎么办？……………………65
孩子的英语发音不标准怎么办？……………………66
如何在交流中熟练掌握英语？………………………67

如何让孩子爱上阅读英文书籍？…………………………68
背诵英语课文有必要吗？……………………………………69
如何引导孩子使用英文写日记？……………………………70
听英文歌对孩子学习英文有帮助吗？………………………71
英语影片能提高孩子英语水平吗？…………………………72
如何给孩子选择英语书籍？…………………………………73
与汉语相比较，英语的特点有哪些？………………………74
孩子记不住英语语法知识怎么办？…………………………75
孩子的英语书写潦草怎么办？………………………………76
孩子跟不上英语课程节奏怎么办？…………………………77
抓不住阅读理解中的重点怎么办？…………………………78
跟不上听力考试的节奏怎么办？……………………………79
如何让孩子写出精彩的英语作文？…………………………80
孩子对英文创意写作抵触怎么办？…………………………81
英语演讲能提高孩子的综合能力吗？………………………82
跨国交友能帮助孩子学好英语吗？…………………………83
如何让孩子跨国交友学英文？………………………………84
打字与口语交流能锻炼什么英语能力？……………………85
如何使孩子保持文化自信？…………………………………86
孩子开始变得媚外怎么办？…………………………………87
总结……………………………………………………………88

塑造语言学习环境

语文篇

学好语文能全面提高学习能力吗？

学好语文对全面提高学习能力至关重要，因为它是所有学科学习的基础。语文能力的提升不仅能增强理解力和表达力，还能促进思维力的发展。通过广泛阅读，学生能够吸收和整合不同领域的知识，进而提升写作能力，较强的写作能力又有助于清晰地表达思想和观点。此外，语文学习还能提高学生分析问题和解决问题的能力，这些都是学习成绩提高的关键要素。因此，语文教育对于培养综合素质和提升学习效率具有不可替代的作用。

趣味小贴士

家长可以和孩子一起分角色朗读课本内容，通过讨论书中的内容来激发孩子思考和加深理解，这样不仅能增进亲子关系，还能提高孩子的对语文学习的兴趣。

名师点拨

语文学习不仅仅是识字和背诵，更重要的是培养批判性思维和创造性表达。通过语文学习，学生能够学会如何组织语言，清晰地表达自己的观点，这对于他们的学习和将来的职业发展都是极其重要的。

为什么学习语文不能急功近利？

学习语文是一个逐渐积累和沉淀的过程，不能急功近利。语文涵盖了语言知识、文学素养和思维能力等多方面的内容，对孩子们而言，需要通过大量阅读、持续练习和深入思考来逐步提高语文水平。急于求成可能会导致基础不牢，理解浅薄，难以形成深厚的文化底蕴和批判性思维。因此，我们应该以平和的心态，享受学习的过程，逐步构建自己的语文知识体系。

趣味小贴士

家长可以和孩子一起制订阅读计划表，每天安排固定时间阅读，完成后在表格上打上记号，记号打满后也会有成就感。

名师点拨

语文学习是一个长期积累的过程，它不仅涉及知识的掌握，还包括思维能力、审美情感和文化素养的培育。急功近利则容易忽视语文学习的深度和广度，不利于形成扎实的语文功底和综合素养。

汉字是最优美的文字吗？

汉字被誉为最优美的文字，是因为它独特的结构和深厚的文化底蕴。汉字是象形文字的延续，每个汉字都有其独特的形状和意义，这种视觉和意义的结合使汉字具有极高的艺术价值。汉字的构造讲究平衡与和谐，体现了东方美学的精髓。此外，汉字的演变历史悠久，承载了丰富的文化信息和历史变迁，使学习汉字不仅仅是学习一种语言，更是对中华文化的深入理解。学习汉字，就像是与古人对话，激发我们对知识的渴望和对美的追求。

趣味小贴士

家长可以和孩子一起练习书法，感受汉字的韵律和节奏。

名师点拨

每个汉字都蕴含着历史和故事，其象形、指事、会意、形声的构造方式，使汉字不仅仅是交流工具，更是艺术和文化的载体。通过书法和文学等学习汉字的手段，可以让学生深刻体会汉字的美学价值和文化意义，从而增强对汉字的理解和欣赏。

孩子有必要认识繁体字吗？

孩子认识繁体字虽并非必须，但很有价值。繁体字是中华文化的重要组成部分，学习它们有助于孩子更深入地理解汉字的起源和演变，增强文化认同感。此外，繁体字在一些历史文献和艺术作品中更为常见，掌握它们能让孩子更好地欣赏和理解这些文化遗产。繁体字的学习有助于孩子开阔眼界，培养审美意识，也有助于孩子更好地接触和理解古代文献，为未来的学术研究打下坚实的基础。

趣味小贴士

通过认识繁体字的游戏让孩子了解繁体字是中华文化的重要组成部分，加深对传统文化的认识和理解。

名师点拨

通过学习繁体字，孩子可以更好地接触和理解古代文献，提升对传统文化的兴趣。同时，繁体字的学习也能培养孩子的审美意识和想象力，有助于智力开发。但是繁体字的学习难度相对较高，可以作为兴趣课程或选修课。

认识多少汉字能学好语文？

学好语文不仅需要认识一定数量的汉字，更重要的是理解汉字的含义、用法，以及在不同语境中的表达。通常，掌握3000个常用汉字就可以满足日常阅读和写作的基本需求。但要深入学习语文，还需不断积累词汇、学习语法、阅读经典文学作品，并练习写作和口语表达。一个精通汉语的人，不仅有可能在文学创作上有所作为，还能在国际交流中发挥桥梁作用，甚至在科技领域中游刃有余。须知，良好的语言表达能力也是撰写技术文档、进行有效沟通的必备技能。

趣味小贴士

探索汉字的奥秘，不妨从参观汉字博物馆开始。让孩子亲眼见证汉字的演变，亲手触摸历史的脉络，这样的体验能激发他们对语文学习的热情和好奇心。

名师点拨

汉字是中华文化的瑰宝，每个汉字都蕴含着深厚的文化和历史。通过学习汉字，孩子们不仅能提高语言能力，还能更好地理解和传承中华文化。家长的参与和引导，能让孩子在学习中感受到乐趣和成就感，从而激发他们学习语文的兴趣和动力。

练习书法能提高语文能力吗？

练习书法确实能提高语文能力。书法练习要求对汉字结构、笔画顺序有深刻理解，这有助于加深对汉字的认识，夯实语文基础知识。同时，练习书法还能培养耐心和专注力，这些品质对学习语文同样重要。许多书法家的作品不仅在当时达到了艺术上的高峰，也对后世产生了深远的影响。例如，王羲之的《兰亭集序》被誉为“天下第一行书”，其书法风格平和自然，笔势委婉含蓄，遒美健秀。学习这些书法作品，不仅能提升书法技艺，还能让孩子厚植文化底蕴。

趣味小贴士

家长可以和孩子一起参加书法比赛，通过竞赛激发学习热情，让书法练习变得更有趣。

名师点拨

书法练习不仅是对艺术修养的培育，更是对汉字文化的深入理解。通过练习书法，孩子能更好地掌握汉字的构造和意义，从而在语文学习中形成系统的认知结构。

孩子总是喜欢生僻词好不好？

孩子喜欢生僻词可能表明他们对语言有浓厚的兴趣。这是好事，但也要注意平衡。家长可以鼓励孩子学习生僻词，同时引导他们理解常用词汇的重要性。通过阅读和写作练习，帮助孩子在实际语境中恰当使用这些词汇。像莎士比亚这样的文学巨匠，就是以其丰富的词汇和创新的语言表达而闻名的。他创造的许多词汇至今仍被广泛使用。家长可以鼓励孩子阅读经典文学作品，学习作者如何巧妙地运用生僻词来增强文本的表现力。

趣味小贴士

家长可以和孩子一起玩“词汇接龙”的游戏，每轮使用一个生僻词，这样既能增加词汇量，又能增进亲子关系。

名师点拨

生僻词的学习和使用能够丰富孩子的词汇量，提高语言表达的准确性和多样性。然而，过度依赖生僻词可能会影响沟通的流畅性。教育中应注重词汇的实用性与表达的清晰性，培养孩子在不同场合恰当使用词汇的能力。

为什么语文教材变了？

现在的语文教材与之前不同，主要是因为教育目标的更新、教学方法的变革、文化元素的融入以及时代精神的演进。教育目标从单纯的知识传授转变为重视学生德智体美劳全面发展，强调培养社会主义建设者和接班人。教学方法更加注重学生的主体性和主动性，倡导探究教学、问题教学等多样化教学方法，以提高学生的实践能力和创新精神。新教材更加注重中华优秀传统文化的引入，引导学生深入理解其核心理念，培养学生的国家意识和文化自信。

趣味小贴士

家长可以和孩子一起阅读新教材，讨论书中的故事和图片，增加亲子互动，让孩子在乐趣中学习。

名师点拨

教材的更新是为了更好地适应学生的认知发展，融入跨学科知识，培养学生的批判性思维和创造力。这种变化有助于学生形成全面的世界观和价值观。

为什么汉语一直在进化？

虽然汉语的基本语法结构相对稳定，但在不同的历史时期和使用中，汉语一直在进化，这是为什么呢？因为汉语是一种活生生的语言，会随着社会的发展和文化的交流而不断演变。新词汇、新表达方式的产生，反映了社会变迁和科技进步。同时，语言的进化也有助于更好地表达现代人的思想和情感，增强语言的表达力和适应性。语言的不断进化为学习者提供了无限可能。掌握最新的语言趋势，不仅能够增强沟通能力，还能在全球化的今天，帮助孩子更好地理解不同文化，拓宽视野，提升竞争力。了解汉语的演变，就是在学习人类文明的发展史。

趣味小贴士

家长可以和孩子一起探索新词汇，比如通过阅读最新的文章、观看新闻或参与在线讨论，让孩子的语言能力与时俱进。

名师点拨

语言的进化是社会进步的反映。教育应鼓励学生学习新词汇，理解语言变化，以适应快速发展的社会和文化环境。

家庭是学习语文的最主要场所吗?

家庭为孩子提供了一个自然、亲密且可持续的语言环境。在这里，孩子可以通过日常对话、家庭活动和共同阅读等方式，不断地练习和提升语言能力。家庭成员间的互动还能增强语言的实际应用，使学习变得更加生动和有意义。家庭是孩子学习语文的摇篮。在这里，孩子可以自由地表达自己的想法，不必担心犯错。家长的支持和鼓励是孩子学习语文的最大动力。通过家庭的共同阅读、讨论和写作活动，孩子不仅能够提高语文能力，还能培养对学习的热情。

趣味小贴士

家长可以鼓励中学生参与家庭讨论，比如分享对时事的看法，或者讨论书中的复杂情节，这样不仅能提升他们的语言表达能力，还能培养他们的批判性思维。

名师点拨

家庭是孩子学习语言的第一课堂。家长的语言习惯、阅读习惯和交流方式，对孩子的语言发展有着深远的影响。因此，家长应该意识到自己在孩子语言学习中所扮演的重要角色，并积极地参与到孩子的语文学习中。

为什么学习语文要关注时事？

关注时事对学习语文至关重要。时事不仅是语言发展的反映，还是文化变迁的缩影。它为学生提供了生动的语言使用场景，有助于理解语言在不同社会文化背景下的实际应用。同时，时事新闻提供了丰富的写作素材，能够激发学生的思考，提升他们的批判性思维和表达能力。此外，关注时事还能增强学生的社会责任意识，使他们在学习语文的同时，也能更好地理解社会、融入社会。

趣味小贴士

家长可以和孩子一起观看新闻，讨论时事，这样不仅能提升孩子的语文能力，还能培养他们的社会责任感。

名师点拨

关注时事能够让学生了解语言在现实世界中的应用，增强他们的社会责任意识和文化敏感性。这对于提高学生的阅读理解和写作能力至关重要。

如何把语文学习融入生活?

将语文学习融入生活是提高语文素养的有效途径。那么如何把语文学习融入生活呢?

首先，可以在日常生活中多使用语文，如在社交媒体上锻炼作文写作能力，或在家庭聚餐时引用诗词表达情感。其次，可以参与社区服务项目，撰写活动报告，这样不仅能锻炼写作能力，还能提升语言表达能力。此外，阅读报纸、杂志和网络文章，关注时事，也是学习语文的好方法。通过这些方式，学生可以在实际生活中运用语文知识，提高语文能力，同时增强对文化的理解和社会的参与感。

趣味小贴士

在背诵经典诗词的基础上，孩子和家长可以去诗词中提到的地点或景点旅游，这样，不但会加深孩子对诗词的理解，还会让语文学习变得既有趣味性又有挑战性。

名师点拨

将语文学习融入生活，可以通过日常对话、阅读、写作等方式进行。这有助于提升语言表达能力，增强文化素养，同时也能更好地理解和运用语言。在学术上，这符合语言习得规律，有助于形成长期记忆，提高学习效率。

如何让孩子在娱乐中学习语文？

为了让孩子在娱乐中学习语文，可以组织一些寓教于乐的活动。比如，观看一些具有教育意义的电影和纪录片，通过电影中的故事和人物来学习语文知识。此外，可以举办趣味语文竞赛，如看图猜成语、猜古诗，这样的活动既能激发学生的想象力和联想力，也能考察他们的语文知识储备。让孩子参与到经典文学作品的角色扮演或戏剧表演中，通过亲身体验角色的情感和语言，加深对文本内容的理解。

趣味小贴士

鼓励家长和孩子一起参与语文游戏，比如成语接龙，或者故事接龙，这样既能增进亲子关系，又能让孩子在轻松愉快的氛围中学习语文。

名师点拨

在娱乐中学习语文是一种有效的教育手段。这既能激发学生的学习兴趣，又能使他们在轻松的环境中自然吸收知识。这种学习方式符合学生的认知发展规律，有助于提高他们的记忆力和理解力，从而提升他们的语文素养。

知识层级低如何辅导孩子学习语文？

首先，可以利用网络资源，如在线教育平台和教育视频，这些资源通常有详细的解释和示例供家长和孩子一起学习。家长可以先鼓励孩子自主阅读，然后就阅读内容进行讨论，以提高孩子的理解力和表达能力。其次，家长可以选择适合孩子阅读水平的书籍，通过共同阅读和讨论，引导孩子理解和分析文本内容。最后，家长可以与孩子的老师保持沟通，了解孩子在学校的学习情况，寻求专业的建议和指导。

趣味小贴士

可以定期举办家庭阅读会，每个人分享自己读到的有趣内容，这样既可以提高孩子的阅读兴趣，同时也能增进家庭成员之间的交流。

名师点拨

家长的参与对于孩子的学习至关重要，即使知识层级不高，也能通过共同学习的过程，激发孩子的学习动力。这种互动式学习有助于孩子在语文学习中形成积极的学习态度，同时也能增强家庭的学习氛围，这对于孩子的长期学习发展是非常有益的。

如何在家庭环境中塑造语文学习环境？

首先，可以在家中设置一个舒适的阅读角，配备丰富的书籍和阅读材料，鼓励孩子自由阅读。其次，定期举办家庭读书会，家长和孩子共同挑选书籍，一起阅读并讨论，这样可以增进亲子关系，同时提升孩子的阅读理解和表达能力。此外，鼓励孩子写日记或书信，记录日常生活和情感体验，这不仅能锻炼写作能力，还能培养观察力和思考力。通过这些方法，可以有效地在家庭中营造一个有利于语文学习的环境。

趣味小贴士

初中生正处于好奇心旺盛的阶段，家长可以鼓励孩子通过写博客或社交媒体动态来记录生活点滴，这样不仅能锻炼写作能力，还能让孩子在同龄人中分享交流，增加写作的乐趣。

名师点拨

在家庭环境中塑造语文学习氛围，关键在于创造一个支持性的环境，鼓励学生主动学习。家长可以通过设定固定的阅读时间，共同参与讨论书籍内容，以及鼓励孩子通过写作来表达自己的想法等方式来提高语文水平。

如何用卡片帮孩子积累语文知识？

可以设计一系列内容丰富、形式多样的卡片，例如，汉字卡片可以展示基本笔画、笔顺、组词和造句；词语卡片可以提供词义、用法、同义词和反义词；成语卡片则可以解释成语的出处、含义和例句。此外，古诗文卡片可以摘录经典诗句，并附上赏析和背景知识；文学常识卡片则可以介绍重要作家、作品和文学流派。每张卡片都应图文并茂，以吸引孩子的注意力，并通过日常的翻阅和游戏互动，使孩子在轻松愉快的氛围中学习语文知识。

趣味小贴士

家长可以和孩子一起制作“诗词挑战卡”，每张卡片上写一首诗词，每天挑战背诵一首，共同记录进步，这样既能增加孩子学习语文的趣味性又能促进亲子互动。

名师点拨

卡片学习法是语文知识积累的有效手段。它通过视觉记忆辅助记忆，符合认知心理学原理，有助于学生将新知识与已有知识结构相连接，从而加深理解和记忆。通过制作和复习卡片，学生能够更加系统地掌握语文知识，提高学习效率。

孩子不愿意开口朗读怎么办？

面对不愿意开口朗读的孩子，家长和老师可以采取多种策略。首先，选择孩子感兴趣的材料，如他们喜欢的童话故事或动画剧本，以激发他们的阅读兴趣。其次，可以设定合理的朗读目标，如每天朗读一段短文，并随着时间的推移逐步增加难度和时长。家长可以陪伴孩子一起朗读，创造一个支持和鼓励的环境，减少孩子的心理负担。此外，给予适时的正面反馈，如表扬孩子的发音、语调和表达能力，也可以增强他们的自信心。

趣味小贴士

试将朗读与孩子的兴趣结合起来，比如让孩子朗读他们最喜欢的游戏或电影的剧本，这样可以提高他们的参与度和阅读兴趣。

名师点拨

朗读对于初中生来说，不仅是提高语言表达能力的方式，还能增强他们的自信心和对文学作品的理解。通过朗读，学生能够更好地把握语言的节奏和情感，这对于他们的语言学习和情感发展都是非常有益的。

孩子字词句积累不够怎么办？

首先，鼓励孩子多读书，尤其是经典文学作品，这不仅能增加词汇量，还能提高他们的文化素养。其次，可以通过写作练习和日常对话来加强字词句的运用能力。例如，可以让孩子参与到家庭日常的交流中，家长可以用丰富多样的语言表达，引导孩子学习和模仿。再次，可以设计一些有趣的语文游戏和活动，如字词接龙、成语填空等，让孩子在玩乐中学习。最后，应该鼓励孩子在日常生活中积极运用所学的字词句，以此来巩固和提升他们的语文知识。

趣味小贴士

尝试“每日一词”挑战，每天学习一个新词汇，让孩子在日常生活中尝试使用。

名师点拨

字词句积累是语文学习的基础，丰富的词汇量有助于提高阅读理解和写作能力。通过阅读和实践，可以加深对字词句的理解和记忆。

成语为什么不能乱用？

成语是汉语中经过长期使用、锤炼而成的固定短语，它们通常源自历史故事、寓言传说或文学作品，蕴含着丰富的文化内涵和历史信息。因此，成语的使用需要考虑其背后的文化背景和特定含义，以确保表达的准确性和适宜性。乱用成语不仅可能导致信息传递的不准确，还可能引起听众的误解或困惑，甚至可能会造成沟通上的障碍或文化上的“冒犯”。正确使用成语，能够帮助我们更准确、更生动地表达思想和情感，也是对汉语言文化的尊重和传承。

趣味小贴士

和孩子一起制作“成语小卡片”，每张卡片上写一个成语及其含义和例句，通过游戏和日常对话来加深对成语的理解。这样不仅能让孩子正确使用成语，还能让学习变得有趣。

名师点拨

正确使用成语能增强语言的表现力和感染力。家长应教育孩子理解成语的真正含义，避免望文生义，确保在合适的语境中恰当运用，以提高语言表达的准确性和规范性。

为什么说成语是“超链接”？

成语之所以被称为“超链接”，是因为它们浓缩了丰富的历史故事、文化背景和深刻的道理，类似网络中的超链接。每个成语不仅仅是几个字的组合，它背后往往还蕴含着一段故事或一个哲理，使用一个成语就像点击一个链接，能够迅速链接到更深层的含义和文化内涵。例如，成语“塞翁失马”讲述了人生的无常和变化。这种比喻强调了成语的高效性和信息密度，在交流中，使用成语可以在极短的时间内传达丰富的信息和情感。

趣味小贴士

成语是文化的桥梁，连接过去与现在，激发孩子的想象力和学习兴趣。和孩子一起探索成语背后的故事，既可以增进亲子关系，同时也能丰富孩子的知识库。

名师点拨

成语的形式虽简洁，却蕴含着丰富的历史和智慧。通过学习成语，能够提升学生的语言表达能力，增强他们对传统文化的理解，同时还可以锻炼他们的思维敏捷性和创造力。家长和教师应鼓励学生探究成语的深层含义，从而深化对语言和文化的掌握。

为什么说背诵能提升多方面的素养？

背诵是一种综合运用多种认知能力的学习方法。首先，它要求学生对材料进行记忆，这直接锻炼了记忆力。其次，为了准确背诵，学生必须先理解内容，这涉及理解力的培养。再次，在背诵过程中，学生还需要将理解的内容用自己的语言表达出来，这有助于提高语言组织和表达能力。复次，背诵需要集中注意力，长时间的专注练习有助于提高专注力和自律能力。最后，背诵经典作品还能让学生接触丰富的文化遗产，提升文化素养和审美能力。

趣味小贴士

可以试试用念 rap 的方式背诵诗词，这种方式既能增加学习的趣味性，同时也能提高记忆效率。通过将诗词的节奏和韵律与 rap 音乐的节拍相结合，可以帮助学生更好地记忆和理解诗词的内容。

名师点拨

背诵是语言学习的重要环节，它不仅能加强记忆，还能深化理解。通过背诵，学生能够在重复中发现语言的韵律美，提升语言表达的精准度，这是提升语文素养的有效途径。

如何让孩子爱上背诵？

要让孩子爱上背诵，可以尝试将背诵过程游戏化，通过角色扮演或记忆比赛来增加其趣味性；与孩子一起设定小目标，并在达成后给予奖励；将背诵内容与孩子的兴趣相结合，提高学习的吸引力；利用艾宾浩斯记忆曲线，通过重复练习来加强记忆效果；对孩子的进步给予正面鼓励和表扬，增强他们的自信心；同时，合理安排学习和休息时间，避免过度疲劳，让孩子在轻松愉快的环境中掌握背诵技巧。

趣味小贴士

家长可将背诵内容融入游戏和故事，共同参与，增加互动乐趣，让孩子在轻松愉快的氛围中爱上背诵。

名师点拨

背诵是学习语言和文学的重要手段。通过背诵，孩子可以内化语言结构，提高语言表达能力。家长和教师应选择孩子感兴趣的材料，采用分块记忆法，逐步增加难度，并通过表扬和奖励等方式来增强孩子的成就感和学习动力。

孩子的口头表达能力弱怎么办？

提高孩子的口头表达能力，可以从以下几个方面入手：首先，多与孩子进行日常对话，鼓励他们表达自己的想法和感受。其次，可以通过讲故事、角色扮演等游戏活动，让孩子在轻松的环境中练习表达。再次，鼓励孩子参加集体活动，如学校演讲、辩论会等，以增强他们的自信心和表达能力。复次，可以通过阅读和听故事来丰富孩子的词汇量，让他们学会多样化的表达方式。最后，耐心倾听孩子说话，给予积极的反馈，帮助他们逐步提高口头表达能力。

趣味小贴士

家长可以设定“家庭演讲日”，每周一次，让孩子分享他们感兴趣的话题，这样可以激发孩子表达的兴趣和自信。

名师点拨

口头表达能力是社交技能的重要组成部分，它不仅关系到孩子的语言发展，还影响其思维逻辑和情感表达。通过日常对话和集体活动，孩子能够学习如何组织语言、理解听众反应，并逐步提升自我表达的能力。

现代人还有必要学习文言文吗？

学习文言文对现代人来说仍然具有重要的价值和必要性。文言文作为中华文化的重要组成部分，是连接古代文明与现代生活的桥梁。它不仅是历史信息的载体，也是传统文化精神的活化石，蕴含着丰富的哲学思想、道德规范和社会伦理。学习文言文，现代人可以更好地理解和接纳本国文化，增强民族自豪感和文化自信。文言文的学习不仅有助于提升个人的文学素养和审美能力，还能对汉语的语法和词汇有更全面的了解，从而提高写作和口语表达的能力。

趣味小贴士

尝试让孩子将文言文翻译成现代汉语，或者反过来，这样可以加深对文言文的理解。

名师点拨

文言文教育能够培养学生的语言表达能力、逻辑思维能力和文学鉴赏能力。它要求学习者精确理解每一个字词的含义和用法，这对于学生的词汇积累和语法运用都是一种挑战和锻炼。通过学习文言文，学生可以更深入地了解中国古代文人的人生观和价值取向。

如何让孩子喜欢文言文？

要让孩子喜欢文言文，可以尝试以下方法。

首先，选择有趣的文言文故事，用生动的语言讲述，激发孩子的兴趣。其次，将文言文与孩子的生活经验联系起来，让他们感受到文言文的实际应用。再次，通过角色扮演和游戏化学习，增加互动性和趣味性。最后，鼓励孩子尝试创作简单的文言文，并给予正面反馈，以增强他们的自信心。通过以上这些方法，可以逐步培养孩子对文言文的兴趣。

趣味小贴士

家长可以通过角色扮演游戏，让孩子扮演古代文人，增加互动乐趣，同时鼓励孩子用文言文表达日常事物，让学习变得生动有趣。

名师点拨

文言文是汉语的根，蕴含着丰富的文化和历史信息。通过学习文言文，能提升孩子的语言理解能力和表达能力，对学习现代汉语也有深刻影响，有助于培养孩子的文学素养和文化自信。

学会情绪表达对孩子有多重要？

恰当且有效的情绪表达是语言能力的核心，也是决定作文是否具有感染力的关键因素。

首先，通过适当的情绪表达，孩子能够更明确地传达自己的感受和想法，提升与他人的沟通效果。其次，在写作过程中，适度的情绪渲染能够使文章内容更加鲜活，激发读者的共鸣。这不仅有助于提高作文的整体品质，还能促进孩子同理心和情感认知能力的发展。因此，家长和教育者应当重视引导孩子学会并掌握这一关键技能。

趣味小贴士

情绪智力是成功的关键，鼓励孩子每天记录自己的情绪变化，家长可以一起讨论，增进理解和支持。

名师点拨

了解自己的情绪有助于孩子进行自我认知和情绪管理，促进心理健康和提高社会适应能力。家长和教师应引导孩子识别、表达和调节情绪，培养他们的同理心和人际交往技巧。

孩子羞于文字表达怎么办？

当孩子羞于文字表达时，家长和教师应采取积极措施。首先，要营造一个无压力环境，让孩子感到写作是一种乐趣而非负担。鼓励孩子多读书，尤其是他们感兴趣的书籍，以激发写作灵感。其次，通过写作游戏或日记形式，鼓励孩子自由表达自己的想法和感受，不必担心语法或拼写错误。家长和教师应提供积极的反馈，强调进步而非完美，以增强孩子的自信心。此外，参与写作小组活动，不仅能提高写作技巧，还能让孩子在同伴中获得支持和鼓励。

趣味小贴士

家长可以鼓励孩子尝试不同的写作风格和主题，比如科幻、奇幻或者写给未来的信等。

名师点拨

孩子羞于文字表达，可能是因为缺乏自信心或担心被评判。家长和教师应鼓励孩子多写作，提供正面反馈，创造无压力写作环境。写作是思维的外化，有助于提升表达和逻辑能力。

如何让孩子与文学形象产生共鸣？

首先，需要选择与孩子年龄和兴趣相匹配的文学作品，通过朗读、角色扮演或讨论书中情节，激发孩子的想象力和情感参与。其次，鼓励孩子表达对角色的看法和感受，让他们在故事中寻找自己的影子。最后，教师和家长可以引导孩子与文中角色对话，通过分析人物的外貌、行为、性格等，帮助孩子进行移情体验，更全面、更深刻地理解人物。通过这些方法，孩子不仅能够理解文学作品的内容，还能够体会作品中蕴含的情感和价值观，从而与文学形象产生共鸣。

趣味小贴士

尝试让孩子给故事画插图或续写结尾，这样能增强他们与文学形象的联系，激发创造力。

名师点拨

通过文学作品的形象与情节，可以激发孩子的想象力和情感共鸣。文学作品通过具体的形象和情节，传递作者的思想情感，当读者与作者或作品中的文学形象产生情感共鸣时，便能体验到作品的深层意蕴。

如何给孩子挑选课外读物？

给孩子挑选课外读物时，首先，应考虑孩子的兴趣和阅读水平，选择内容健康、语言生动、插图丰富的书籍。其次，可以咨询教师或图书管理员的建议，还可以参考教育部门推荐的书单，这些书单通常会根据孩子的年龄和认知水平进行分类。再次，鼓励孩子阅读多种类型的书籍，拓宽知识面和培养良好的阅读习惯。复次，选择书籍时还应考虑其故事性和趣味性。最后，家长可以和孩子一起挑选书籍，让孩子参与决策过程，增加他们对阅读的兴趣和责任感。

趣味小贴士

家长可以在周末带孩子一起去书店，让他们挑选自己感兴趣的书籍。通过赋予孩子们选择权以增强他们的参与感，让他们更愿意阅读。

名师点拨

学术研究表明，阅读与认知发展密切相关，有助于提高语言能力、理解力和创造力。挑选课外读物时，应考虑孩子的年龄、兴趣和阅读水平。选择能激发好奇心、拓宽知识面、培养批判性思维的书籍。

如何防止孩子沉迷于阅读课外书？

为防止孩子沉迷于课外阅读，家长和教师可以采取以下策略。

首先，设定固定的阅读时间，如每天半小时，以确保阅读不干扰其他活动。其次，鼓励孩子参与体育、艺术等多样化活动，以平衡阅读与其他兴趣。再次，选择有教育意义的课外书籍，确保阅读内容对孩子的成长有益。家长应留意或检查孩子的阅读内容，并适时引导他们阅读更有价值和深度的书籍。最后，家长可以与孩子共同阅读和讨论，这不仅能增进亲子关系，还能在阅读过程中给予正确的引导。

趣味小贴士

家长可以设定“阅读与玩耍”的时间，让孩子在书本和户外之间找到乐趣的平衡。

名师点拨

为防止孩子沉迷于课外阅读，家长和教师应引导其合理分配时间。可采用时间管理技巧，如番茄工作法，在培养孩子专注力的同时，确保学习与阅读的平衡。避免单一活动过度占用时间，促进孩子全面发展。

孩子阅读速度很慢怎么办？

孩子阅读速度慢，可以采取以下措施。

首先，通过练习提高阅读技巧，如快速阅读训练，帮助孩子学会跳读和略读，抓住关键信息。其次，增加阅读量，让孩子多读书，通过大量阅读提升速度。再次，可以使用计时阅读法，设定时间限制，鼓励孩子在规定时间内完成阅读任务。复次，鼓励孩子大声朗读，以提高语言理解和表达能力，进而提升阅读速度。最后，耐心指导，不要给孩子过多压力，以免影响阅读兴趣。

趣味小贴士

阅读速度慢，往往是逐字阅读，试着以词乃至句子作为基本单位练习阅读，会有惊喜哦。

名师点拨

提高孩子的阅读速度，可以通过有声朗读过渡到无声阅读，以“口到”带动“眼到”和“心到”，减少分心，提高专注力。在阅读中抓住关键信息，同时注意不回读，提高阅读流畅性。

快速阅读有什么技巧?

快速阅读的技巧包括：首先，快速浏览文章的标题、小标题和段落首尾，以把握文章结构和主题。其次，学会抓住关键词和短语，这些往往是信息的精华所在。再次，拓宽视野，一次看一个意群或短语，而不是单个字词，这样可以提高阅读速度。减少回读和发音，因为这些会降低阅读效率。复次，保持专注，避免分心，这对提高阅读速度和理解力至关重要。最后，通过持续练习，可以逐步提高阅读速度和理解能力。

趣味小贴士

家长可以带孩子一起玩“阅读加速器”的游戏，挑战每次阅读比上一次读得更快，逐步提升阅读速度，不断推动孩子达到新的阅读水平。

名师点拨

快速阅读的关键在于提高阅读效率，可以通过练习略读和扫读技巧来实现。略读时，关注文章的标题、小标题、首尾段落，把握文章大意。扫读则是快速浏览寻找特定信息，如关键词或数据。这两种方法结合使用，可以提高阅读速度和理解力。

如何引导孩子发现生活中的趣事？

鼓励孩子多参与户外活动，接触大自然，观察不同季节的变化。同时，可以一起进行家庭游戏，比如寻宝游戏，让孩子在寻找中发现惊喜。鼓励孩子参与家务，比如烘焙或园艺，让他们在动手过程中体验乐趣。此外，通过阅读和讲故事，激发孩子的想象力，让他们在故事中寻找乐趣。更重要的是，要耐心倾听孩子的想法，鼓励他们分享自己的发现，这样他们会更乐于探索和发现生活中的趣事。

趣味小贴士

家长可以有意引导孩子在日常生活中发现乐趣，培养他们乐观和积极的生活态度。

名师点拨

引导孩子发现生活中的趣事，可以通过寓教于乐的方式，让孩子在参与和体验中学习观察和思考。这种教育手段有助于培养孩子的好奇心和创造力，同时也能增强他们对周围环境的感知能力，从而在日常生活中发现更多的乐趣和学习的机会。

如何让孩子养成写日记的习惯？

要帮助孩子养成写日记的习惯，可以采取以下步骤。

首先，为孩子提供一个专门的日记本，激发他们写日记的兴趣。其次，设定一个固定的写日记时间，比如睡前，帮助孩子养成习惯。鼓励孩子记录日常生活的点滴，无论是快乐还是烦恼。家长可以和孩子一起写日记，分享彼此的生活，增加互动。适时给予孩子正面的反馈，让他们感受到写日记的乐趣。通过这些方法，孩子逐渐会养成写日记的好习惯。

趣味小贴士

鼓励孩子在日记本上记录多样化的内容，可以包括图画、贴纸、剪报等，让日记变得更加丰富多彩。

名师点拨

写日记能锻炼孩子的表达能力、观察力和自我反思能力。它有助于孩子记录生活，培养时间管理能力，同时也是情感释放和自我表达的渠道。家长和教师应鼓励孩子每天花几分钟记录所见所感，逐渐养成习惯。

孩子不会使用修辞手法怎么办?

要提升孩子运用修辞手法的能力，首先应鼓励他们广泛阅读经典文学作品，这些作品往往蕴含着丰富的修辞技巧。家长和教师可以挑选一些含有明显修辞手法的段落，与孩子一起分析其效果和作用，如比喻、拟人等。然后，可以设计一些写作练习，让孩子尝试在作文中创造性地运用这些修辞手法。此外，定期的讨论和反馈也很重要，通过点评孩子的写作，指出修辞运用的得当与不足，帮助他们不断改进和提高。

趣味小贴士

广告和流行歌曲常常使用修辞手法来吸引听众，可以和孩子一起分析其中的例子，来了解修辞手法的实际应用。

名师点拨

给孩子提供丰富的阅读材料、引导他们观察生活中的语言运用，并鼓励他们尝试在写作和日常表达中使用比喻、拟人等修辞手法。这样不仅能够提高孩子的语言表达能力，还能够增强他们的创造力和想象力。

旅游能增长语文知识吗？

旅游是增长语文知识的绝佳途径。在旅行中，我们不仅能够亲身体验不同的文化和历史，还能够通过阅读景点介绍、历史背景资料来扩展词汇量和提升阅读理解能力。与当地人的互动交流，让我们有机会学习到地道的口语和方言，这对于语言的活学活用非常有帮助。此外，旅行中的所见所闻可以成为写作的素材，鼓励孩子们记录下旅途中的点滴，无论是游记还是日记，都能锻炼写作技巧。

趣味小贴士

参观历史遗迹和博物馆，让孩子了解当地的历史和文化，让他们不仅能在旅游中增长知识，还能享受学习的乐趣。

名师点拨

旅游是活生生的语文课堂。它将抽象的词汇、语法与实际情境相结合，增强语言的实践性和应用性。通过亲身体验和观察，可以使孩子更深刻地理解语言背后的文化和历史背景，从而提升语文素养。

如何辅导孩子预习语文？

辅导孩子预习语文，首先，要熟悉教材，明确学习目标。引导孩子通读课文，把握主旨，识别并记录生字新词。其次，鼓励孩子主动查找资料，了解作者和作品背景，这有助于深入理解文本。再次，引导孩子思考文本的深层含义，鼓励他们提出自己的见解和疑问。复次，设计一些预习问题，如文章结构、主题思想等，激发孩子的思考。最后，安排一些基础练习，如词汇填空、阅读理解题，以检验预习效果。

趣味小贴士

在预习过程中，可以给孩子介绍课文背景知识，帮助他们更好地理解课文内容。

名师点拨

辅导初中孩子预习语文，可以采用“主题式预习法”。首先，围绕课文主题，引导孩子搜集相关资料，拓宽知识面。其次，通过提问和讨论，激发孩子的思考和兴趣。最后，指导孩子总结课文要点，加深理解和记忆。

如何提高孩子的写作技巧？

要提高孩子的写作技巧，可以鼓励他们广泛阅读，积累词汇，练习日常写作，如写日记或短文，还有，教授基本的写作结构，如引言、正文和结尾，以及如何使用过渡词。鼓励孩子发挥创意，模仿喜欢的作家的写作风格，并学习如何修改和编辑自己的作品。提供多样化的写作主题，让孩子选择感兴趣的话题，激发写作热情。同时，需注意确保孩子掌握基本的语法和标点规则，这是清晰表达的基础。耐心鼓励，让孩子享受写作过程。

趣味小贴士

为孩子的写作创造展示的机会，比如向报社投稿、参加学校作文比赛等，增强孩子的自信心。

名师点拨

提高孩子的写作技巧，关键在于培养他们的观察力和想象力。鼓励孩子观察生活细节，激发他们的创造力，同时教授他们如何组织文章结构，使用恰当的词汇和修辞手法。

孩子一写作文就头疼怎么办？

孩子写作文头疼，可能是因为缺乏兴趣或信心，可以尝试以下方法：首先，让孩子选择感兴趣的主题，激发写作热情。其次，将作文任务分解成小步骤，如先写提纲，再逐步扩展。再次，鼓励孩子多读优秀作文，学习写作技巧。同时，鼓励孩子发挥想象力，创作自己的故事。复次，定期练习写作，逐步提高写作能力。最后，给予孩子正面反馈和修改建议，帮助他们不断进步。通过这些方法，孩子可能会逐渐克服写作文的难题。

趣味小贴士

分享一些著名作家的故事和他们的写作习惯，让孩子了解写作是一个可以学习和提高的技能。

名师点拨

鼓励孩子多阅读，积累素材；从简单话题开始，逐步提升难度；设定写作目标，分步骤完成；创造写作氛围，激发写作兴趣。

不同的作文体裁都能培养什么能力？

不同的作文体裁对写作能力和写作方式有不同的要求。叙事文通过讲述故事，锻炼孩子的想象力和叙述能力，让他们学会如何生动地表达事件。议论文则要求孩子提出观点并用逻辑和证据支持，培养他们的批判性思维和辩证能力。说明文强调信息的清晰和准确传达，提升孩子的条理性和准确性。应用文如书信、报告等，增强了写作的实用性和规范性，让孩子学会得体表达。诗歌和散文则更注重情感和创造力的培养，鼓励孩子用富有美感的语言抒发情感。

趣味小贴士

鼓励孩子试着创作自己的小说，让他们练习如何构建吸引人的故事情节和塑造鲜明的角色。

名师点拨

写作体裁多样化教学有助于学生全面发展运用语言文字的能力。叙事文提升表达力，议论文锻炼逻辑思维能力，说明文增强条理性和准确性，应用文培养规范性和实用性。这种多维度训练是提升学生综合写作能力的必要途径。

孩子写作文爱抄袭怎么办？

首先，要让孩子明白抄袭的危害性，包括它对个人诚信的影响和可能面临的法律后果。鼓励孩子阅读，拓宽他们的知识面，可以激发他们的写作灵感。鼓励孩子表达自己的观点和想法，即使是不成熟的，也应该给予肯定。在孩子写作时应给予适当的监督和指导，帮助他们形成良好的写作习惯。对于孩子的原创作文，给予正面的反馈和奖励，增强他们的自信心和写作动力。通过这些方法，可以帮助孩子克服抄袭的问题，培养他们的独立思考和创作能力。

趣味小贴士

可以设立一些小奖励，比如完成一篇原创作文可以获得小礼物或者额外的游戏时间，以此来激励孩子。

名师点拨

当孩子抄袭作文时，应向他们强调原创性的价值，通过实例展示说明原创思维有助于促进个人成长和学术发展。同时，教授有效的写作技巧，如构思、草拟和修订，以增强孩子的写作信心，减少抄袭行为。

参加辩论能提高作文写作能力吗？

参加辩论确实能有效提高作文写作能力。辩论要求参与者以清晰、逻辑性强的方式表达观点，这不仅可以锻炼思维能力，也有助于锻炼语言组织技巧。在准备论据和反驳对手的过程中，孩子们学会如何搜集资料、分析问题，并用有力的语言表达自己的观点。这些技能对于写作至关重要，它们帮助构建有逻辑的文章结构，清晰阐述观点，并有效使用证据支持论点。此外，辩论还能增强批判性思维，使孩子在写作时能更深入地分析问题，提出独到见解。

趣味小贴士

可以在家里组织辩论赛，选择适合孩子年龄和兴趣的主题，确保它既具有挑战性，又能激发孩子的兴趣。

名师点拨

辩论要求学生深入研究话题，形成有理有据的论点，并通过逻辑推理和证据支持来强化论证。这种训练有助于提高学生的分析和综合能力，而这正是作文写作中不可或缺的技能。

A总结

语文学习对孩子成长极为重要，家校共育则为其提供了强大且全面的支持。

在家庭而言，家长是孩子语文学习的启蒙者与陪伴者。亲子阅读时光，孩子在温馨氛围中感受文字魅力，家长的引导能让孩子更好地理解故事背后的情感与哲理，培养深度阅读习惯。家庭日常交流成为孩子锻炼口才的舞台，丰富的表达、准确的用词可以在潜移默化中提升孩子的语言运用能力。家长还可借助多媒体资源，如优质纪录片、文化节目等拓宽孩子的语文视野，让语文学习不拘泥于书本。

家校共育的实践活动更是为语文学习增色添彩。家庭组织的文化之旅，让孩子在名胜古迹中触摸历史脉络，将语文知识与生活实景相融合。学校开展的语文活动，无论是演讲比赛、书法展览，还是戏剧表演，都给予孩子展示自我的机会，增强自信心与学习热情。家长与学校保持密切沟通，根据孩子的在校表现与在家的学习状态，共同调整教育策略，确保语文学习路径的精准性与有效性。

在家校共育的紧密配合下，孩子在语文学习的道路上不再孤单。丰富的学习资源、多元的学习场景，以及个性化的教育引导，全方位助力孩子提升语文素养，为其未来的学术发展、人际交往，以及文化传承奠定深厚而坚实的基础，让语文这颗文化种子在孩子心中生根发芽，茁壮成长。

塑造语言学习环境

英语篇

汉语中有哪些英语词汇？

汉语中吸收了许多英语词汇，这些英语词汇通常被称为“外来词”。随着全球化进程和文化交流的加深，英语词汇被广泛地借用到汉语中，尤其是在科技、时尚、娱乐等领域。例如，“沙发（sofa）”“巧克力（chocolate）”“巴士（bus）”等都是源自英语的汉语词汇。类似词汇在汉语中的使用已经非常普遍，尽管很多使用者可能并未意识到它们的英语来源。

趣味小贴士

香格里拉（Shangri-La）是我国唯一用英语命名的城市。这个词来自英国作家詹姆斯·希尔顿的小说《消失的地平线》，其中描述了一个位于喜马拉雅山西侧的世外桃源，意为“人间天堂”。

名师点拨

家长可以多了解从其他语言借用到汉语中的词汇，这些词汇在汉语中被广泛接受和使用，在全球范围内的经济、文化、技术等各个领域的交流与合作日益紧密的今天乃至未来，其影响力会逐渐加深，整个世界的语言体系也会有所改变。

中国逐渐强大，学英语有必要吗？

答案是肯定的。随着中国的崛起，国际交流与合作日益频繁，英语作为国际通用语言，其重要性并未减弱。掌握英语不仅有助于我们更好地了解世界，还能促进跨文化沟通，提升个人竞争力。此外，许多先进的科学技术文献和资料都是用英语编写的，掌握英语能够让我们更快地获取和吸收这些知识。因此，学习英语对于个人和国家的长远发展都是有益的。

趣味小贴士

英语中最长的单词共有 1913 个字母，汉译为名词色氨酸合成酶 A 蛋白质。但是也有人认为 “smiles” （微笑）才是最长的词，因为首字母和尾字母隔着一个“mile”（英里）。

名师点拨

尽管中国在很多领域取得了显著的发展和进步，但英语作为国际通用语言，它在国际交流、商务合作、科学研究、文化教育等多个方面仍然发挥着重要作用。在全球化的今天，良好的英语修养可以让你在以后的发展中如虎添翼。

为什么汉语词汇走入了英语？

随着全球化的加速和中国在国际舞台上的影响力日益增强，汉语词汇的国际传播也呈现出上升趋势。一方面，中国经济的快速发展和对外贸易的扩大使得许多与之相关的专业术语和产品名称进入了英语词汇。另一方面，中国文化的独特魅力吸引了全球的关注，如中国的传统节日、美食、武术等，这些文化元素的传播也带动了相关汉语词汇的国际化。

趣味小贴士

“Kung Fu”（功夫）这一术语在英语中主要用来指代中国武术，尤其是那些不使用武器的武术形式。根据《牛津英语词典》的解释，“Kung Fu”类似空手道，是一种徒手中国武术。

名师点拨

中国经济的崛起推动了汉语国际化，许多外国人开始学习和使用汉语，他们将一些汉语词汇带入了英语中。外国人学习汉语和我们学习英语一样，都是为了交流与了解对方的文化，教外国人学习汉语首先就要会说英语。

经济条件有限，能学好英语吗？

答案是肯定的。尽管家庭经济条件可能限制了某些资源的获取，但学习英语并不一定需要昂贵的教材或课程。互联网上有大量的免费资源，如在线课程、教育视频、语言学习应用程序和电子书籍，这些都可以帮助学生以低成本学习英语。此外，公共图书馆和社区中心通常提供免费或低成本的英语学习材料和活动。这也是学习英语的有效途径。

趣味小贴士

第一个学英语的中国人主要是通过葡萄牙语作为中介来学习英语的。1637 年，第一批来中国的英国商人通过葡萄牙通事进行交流，这些通事可能只懂中葡语，英国商人通过他们与中国人沟通。

名师点拨

学习英语与经济状况之间并不存在直接的联系。目前，众多免费的英语学习资料唾手可得，包括网络课程、指南和应用程序，这些工具为初学者提供了从基础起步学习英语的机会。

孩子在什么年龄段学习英语最好？

这个问题在教育界一直备受争议。一些专家认为，孩子在3~5岁开始接触英语是最理想的，因为这个阶段的孩子正处于语言敏感期，他们对语言的吸收能力特别强。而另一些专家则建议稍晚一些，在孩子已经掌握了母语的基础之后再开始学习第二语言，这样可以避免语言混淆，更有利于语言的清晰区分和使用。

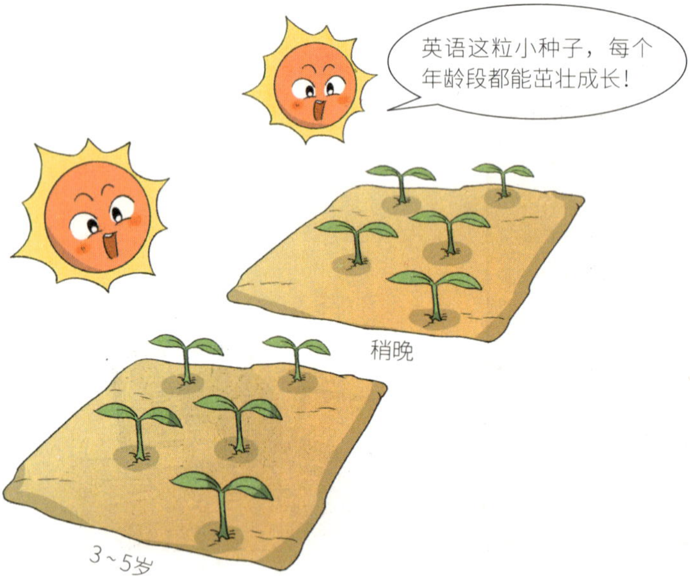

趣味小贴士

作为英语学习的启蒙课程，那首广为人知的26个英文字母儿歌，其实是由英国作曲家兼词曲作者乔治·莫里斯（George M. Morris）在1835年所创作的。

名师点拨

其实孩子在不同的年龄段学习英语各有优势，但普遍认为早期接触英语学习是有益的。建议家长督促孩子从3岁到12岁开始学习英语，这是构建语言体系的黄金年龄，能让孩子更有效地掌握这门语言。

孩子觉得英语枯燥无味怎么办？

首先，家长可以尝试将英语学习融入孩子的日常生活中，比如通过看英语动画片、听英语儿歌等方式，让孩子在轻松愉快的氛围中接触英语。其次，家长可以鼓励孩子参加一些与英语相关的活动或游戏，比如角色扮演、英语故事会等，这样可以激发孩子的学习兴趣。最后，家长应该给予孩子积极的反馈，让孩子感受到学习英语的成就感，从而逐渐培养起他们对学习英语的兴趣。

趣味小贴士

觉得学英语苦不堪言？那是因为没有找到自己感兴趣的学习方式。丰子恺是我国现代画家、散文家、漫画家和翻译家。他在学习外语时，认为诗歌、小说、文艺作品可以有助于轻松阅读英语。

名师点拨

我们只要找到了适合孩子的英语学习方法，他们就不会觉得学英语是一件枯燥乏味的事。英语是一门工具性的学科，在与他人交流的过程中，不仅能增强英语口语水平，更能增强自信心。

孩子觉得学英语没有用怎么办？

首先，家长和教师应该耐心地与孩子沟通，了解他们认为学英语无用的原因，可能是他们觉得英语在日常生活中用得不多，或者他们对英语学习缺乏兴趣。其次，可以向孩子展示英语在当今世界的重要性，比如它在国际交流、科技、娱乐和旅游等领域的广泛应用。最后，家长可以鼓励孩子通过观看英语电影、听英语歌曲或参与英语角等活动，以更轻松有趣的方式接触和学习英语。通过这些具体措施，孩子可能会逐渐认识到学习英语的价值，并激发他们学习英语的兴趣和动力。

趣味小贴士

用 26 个字母造一个句子，你能造得出来吗？记住接下来的这句："The quick brown fox jumps over a lazy dog."翻译成汉语就是"敏捷的棕色狐狸从那只懒狗身上跳了过去。"

名师点拨

如果孩子觉得学习英语没有用处，家长可以耐心地向孩子解释学习英语的重要性。首先，英语是国际上广泛使用的一种语言，掌握它有助于获取更多知识，拓宽视野。其次，在学习、工作甚至旅游中，英语都有可能成为重要的交流工具。

英语能增强孩子哪些能力？

1.语言表达能力，使孩子能够更流畅地用英语进行交流。

2.认知能力，通过学习英语，孩子能够更好地理解世界和文化多样性。

3.记忆力和注意力，因为学习新语言需要记忆大量的词汇和语法规则。

4.逻辑思维能力，英语学习中经常涉及的语法结构和句子构建能够锻炼孩子的逻辑思维。

5.跨文化交际能力，了解英语国家的文化背景，有助于孩子在全球化背景下更好地与人沟通。

趣味小贴士

学习能够激发创造力。在英语的发祥地，剧作家莎士比亚不仅创作了诸如《罗密欧与朱丽叶》等著名的文学作品，他还贡献了超过 1700 个常用的英语单词。

名师点拨

多掌握一门语言是就多拥有一种能力。英语在现代社会中无处不在，互联网上 70% 以上的信息都是英文的，很多学术资料也是英文的，甚至代码的书写，包括数学学到顶级，也都与英文相关。尽管没有一种语言能完全统一全世界，但英语的通用程度最大。

学好英语的三大关键是什么？

1.长期浸泡。意味着将自己置于一个英语环境中，无论是通过居住在英语国家还是通过网络资源，让英语成为日常生活的一部分。

2.大量阅读。不仅应包括教科书和学术文章，还应涵盖各种类型的英文材料，如小说、报纸、杂志等，以增加词汇量和理解不同文体的能力。

3.高频互动。则强调与母语者或其他学习者进行实际对话练习的重要性，这有助于提高口语流利度和听力理解能力。

趣味小贴士

直到 15 世纪，英语才开始使用标点符号。在我们日常使用的词汇中，“town”（城镇）是为数不多的、自古至今一直沿用的古老词汇之一。

名师点拨

长期浸泡的目的是将自己置于目标语言的环境中，以便于自然地吸收语言知识。通过不断接触和使用目标语言，可以逐渐培养语感，提高语言运用的自如度。此外，定期阅读并坚持下去是关键，因为语言学习是一个长期积累的过程。

如何给孩子提供英语学习环境？

1.创造一个语言丰富的家庭环境，比如在家中放置英文书籍、杂志和海报。

2.通过日常对话和游戏，鼓励孩子使用英语进行交流，增加语言实践的机会。

3.利用多媒体资源，如英文歌曲、动画片和教育软件，激发孩子的学习兴趣。

4.定期参加英语角或语言交流活动，让孩子在社交中自然地使用英语，提高英语能力。

趣味小贴士

我们知道英语是世界上很多人使用的语言，但是你可能不知道，英语也是“空中”语言。飞机驾驶员与控制塔之间的沟通需要清晰，以确保安全。在 1951 年，英语被定义为国际航空的通用语言。

名师点拨

家长的支持对孩子的英语学习起到至关重要的作用。家长需要保持耐心和持续性，坚持每天陪孩子进行英语学习活动，不求进度快，但求兴趣浓，养成习惯，以便更好地辅导孩子，同时树立良好的英语学习榜样。

如何系统提高孩子的英文能力？

1.制订一个长期的学习计划，确保孩子每天都有一定时间接触和使用英语。

2.创造一个英语环境，比如在家里使用英语进行日常对话，或者让孩子观看英文节目和电影。

3.鼓励孩子阅读英文书籍和资料，从简单的儿童读物开始，逐步过渡到更复杂的文本。

4.定期进行英语口语练习，可以是家庭成员之间的对话，也可以是参加语言交流活动。

5.利用在线资源和应用程序，为孩子提供互动性强的学习工具，增加学习的趣味性。

6.定期评估孩子的进步，并根据评估结果调整学习计划，确保学习效率和效果。

趣味小贴士

根据牛津词典，字母 E 是在单词中最常用的，而字母 Q 是最不常用的。字母 E 的使用频率是字母 Q 的 56 倍。

名师点拨

实践证明，只要用对方法，愿意和孩子一起学习，每个人都可以重拾英语，孩子都能成长为“牛娃”！学习英语是一个长期的过程，家长需要鼓励孩子保持积极的心态，坚持不懈地学习和练习。相信自己的能力，逐步提高英语水平。

每天花多少时间学英语比较好？

这取决于孩子的年龄、学习能力和每日的日程安排。对于年幼的孩子，每天20～30分钟的专注学习时间通常就足够了，而稍大一些的孩子可能需要更长的时间。重要的是要保持学习的连贯性和趣味性，避免过度疲劳。对于青少年来说，每天安排一个小时左右的英语学习时间是比较合适的。这个年龄段的孩子可以进行更深入的学习，包括语法练习、词汇积累和阅读理解等。然而，家长应注意不要让学习变得单调乏味，可以通过变换学习活动形式和材料来保持孩子的兴趣。

趣味小贴士

在14世纪，时钟还未普及，人们为了避免与其他计时工具混淆，报时时需要特别说明时间来自时钟，如“It's 6 of the clock.”后来随着时钟的普及，简写为“It's 6 o'clock”。

名师点拨

掌握英语学习的精髓在于持之以恒和激发兴趣。孩子们学习英语无须占用大量连续时间，关键在于日积月累的坚持。父母应根据孩子的年龄和具体需求，灵活安排每日英语学习的时间，重点在于合理规划学习时段，同时兼顾孩子的兴趣和精力状况。

孩子总是记不住英语单词怎么办？

尝试运用多种记忆策略，可助力孩子记忆英语单词。例如，制作英语单词卡片，将待掌握的英语单词记录于卡片上，并进行分类整理，每日挑选部分卡片复习；通过持续的重复练习和复习，深化对英语单词含义及其应用的理解。利用故事串联记忆法，将英语单词嵌入引人入胜的故事中，提升记忆的趣味性；同时，借助歌曲或押韵技巧，使英语单词的发音和意义更易记忆。此外，定期举行单词小测验，亦能显著提高孩子的记忆效率。

趣味小贴士

有关英语单词，你可能不知道的是，几乎所有以“Q”开头的单词，第二个字母都是“U”；现代英语中只有两个单词以 gry 结尾，分别是 angry 和 hungry。

名师点拨

语言是一门注重实际运用的学科，要多听多说，不要害怕说得不对或者音不标准就羞于启口。通过不断地听和说，孩子可以更好地理解和掌握英语单词的用法和意义。家长可以在日常生活中与孩子进行简单的英语对话，营造轻松愉快的学习氛围。

记忆卡片能帮助记英语单词吗？

记忆卡片作为一种学习工具，能够有效地帮助孩子加强英语单词记忆。通过在卡片上记录英语单词及其相应的解释或配以图片，孩子能够通过不断翻阅这些卡片来巩固记忆。这种学习方法不仅能使孩子在视觉和触觉上双重记忆英语单词，而且还能提高记忆效率。此外，运用记忆卡片进行学习，可以增加学习过程的互动性和趣味性，从而激发孩子对学习英语单词的热情。

趣味小贴士

用记忆卡片记英语单词的方法被称为卡片记忆法或闪卡记忆法。这种方法基于记忆曲线和间隔重复原理，通过制作英语单词卡片，正面写英语单词，背面写释义或例句，来帮助记忆。

名师点拨

记忆卡片还可以用来进行快速问答，家长或教师提问，孩子快速从卡片堆中找出答案，这样可以锻炼孩子的反应速度和记忆能力。通过这些有趣的游戏，孩子不仅能够更有效地记忆英语单词，还能在轻松愉快的氛围中提高学习英语的兴趣。

记住多少英语单词能流畅表达？

这取决于个人的语言环境和目标。通常，对于日常交流，掌握2000～3000个常用英语单词就已足够。然而，若要达到专业水平或深入理解复杂话题，可能需要掌握5000～10000个英语单词。掌握这些单词数量的建议是基于一般情况，但每个人的学习目标和使用英语的频率不同，因此所需掌握的单词量也会有所不同。例如，如果一个人经常阅读英文书籍或专业文献，那么他可能需要掌握更多的专业术语和词汇。

趣味小贴士

英语词汇量是衡量一个人英语水平的重要指标之一，它不仅包括能够理解的词汇，还包括能够自如运用的词汇。英语词汇量直接影响听、说、读、写技能。

名师点拨

其实，如果一个人主要使用英语进行基本的日常交流，那么2000～3000个英语单词可能已经足够。然而，对于那些希望在学术或专业领域达到流利水平的人来说，对英语词汇量的需求则会显著增加。

孩子用汉语语法说英语怎么办？

首先，家长和教师应该耐心地纠正孩子的语法错误，并通过重复正确的句子结构来加强孩子的语言记忆。其次，可以利用游戏和互动活动，使孩子在轻松愉快的环境中学习正确的英语语法。再次，多听多说也是提高语言能力的有效方法，家长可以鼓励孩子多听英语儿歌、故事，以及与以母语为英语的人进行交流。最后，如果问题持续存在，可以考虑寻求专业的语言辅导，帮助孩子克服语言学习中的障碍。

趣味小贴士

用汉语语法说英语是一种有趣的语言现象，被称为“中式英语”，它通过模仿汉语的语法结构来表达英语。中式英语在社交媒体上非常流行，尤其是在年轻人中。

名师点拨

汉语语法和英语语法在于它们的语序、时态标记、冠词使用等方面存在显著差异。汉语的语序较为灵活，而英语则遵循严格的主谓宾结构。在时态方面，汉语通常通过上下文来表达时间概念，而英语则依赖于动词的变形。此外，汉语中没有冠词。

如何避免孩子学成“哑巴英语”？

利用现代技术，如在线语言学习平台和应用程序，可以让孩子与世界各地的同龄人进行实时交流，从而提高他们的实际应用能力。最后，家长和教师应该为孩子提供各种各样的英语学习资源，如英语电影、电视剧、歌曲和播客，这些都能激发孩子学习英语的兴趣，并帮助他们更好地理解英语的语调、节奏和文化背景。通过这些方法，孩子可以逐渐克服“哑巴英语”的问题，从而更加流利和自信地使用英语。

趣味小贴士

当一个人每天都被英语环绕，在生活中用英语思维和表达时，英语就会作为他的第二语言，被其自然而然地学会并掌握。这就是语言环境的魔力。

名师点拨

家长需要鼓励孩子勇于开口，告诉他们犯错是学习的一部分，重要的是敢于尝试和改正。家长可以定期与孩子进行英语对话练习，模拟日常生活中可能遇到的各种场景，如购物、点餐或问路等，这样孩子在实际使用英语时就会更加自然和自信。

孩子英文阅读速度很慢怎么办？

首先，家长可以鼓励孩子每天安排一定时间进行英文阅读，以培养阅读习惯。其次，选择适合孩子当前阅读水平的书籍，避免难度过高导致挫败感。再次，可以利用多媒体资源，如有声书和英文动画片，来提高孩子的兴趣。复次，家长可以和孩子一起阅读，进行互动式学习，帮助孩子理解难点。最后，定期进行阅读速度的测试，记录进步，以激励孩子持续进步。

趣味小贴士

家长可以引导孩子进行大量的阅读练习，从简单的读物开始，逐渐过渡到更复杂的材料。通过阅读不同难度的书籍，孩子可以逐步提高阅读速度和理解能力。

名师点拨

孩子要锻炼自己的阅读技巧，比如跳读（skimming）和扫读（scanning），这有助于他们快速捕捉文章的主旨和关键信息。此外，定期进行阅读理解练习，在限定时间内完成阅读任务，可以有效提升阅读速度。阅读时顺便养成做笔记或总结的习惯。

孩子羞于用英语讲话怎么办？

首先，家长和教师应该创造一个鼓励和包容的环境，让孩子感到安全，不必担心犯错。其次，可以通过游戏和角色扮演的方式，激发孩子对英语的兴趣，使他们在轻松愉快的氛围中练习口语。再次，定期的英语角或语言交流活动也能提供实际使用英语的机会，帮助孩子克服羞涩，增强自信。最后，家长和教师的积极反馈和鼓励对于孩子建立信心至关重要，应适时给予肯定和表扬，以正面的方式激励孩子继续学习和使用英语。

趣味小贴士

家长可以邀请孩子的朋友一起参与英语活动，通过小组互动，孩子可能会感到更加自在，也更容易开口说英语。

名师点拨

家长可以让孩子利用现代技术，如观看英语视频或参与在线英语课程等方式，在虚拟环境中练习口语。这样的环境是没有面对面交流压力的，因此孩子可以在没有紧张感的情况下练习和提高他们的英语口语能力。

孩子喜欢用英语说脏话怎么办？

首先，家长需要了解孩子说脏话的原因。通常，孩子们模仿周围人的言行，可能是从电视节目、同伴或是网络上学习到的。家长应该与孩子进行坦诚的对话，了解他们为何觉得使用这些词汇是合适的。其次，家长应该设定明确的规则，解释为什么某些词汇是不恰当的，并且在孩子使用这些词汇时给予适当的纠正。最后，家长可以通过提供替代词汇和鼓励孩子使用更积极的表达方式来帮助他们改善语言习惯。

趣味小贴士

家长可以和孩子一起阅读一些积极向上的书籍或故事，通过故事中的角色和情节来展示良好的语言习惯。

名师点拨

喜欢用英语飙脏话，其实，这和大脑的情绪化决策和非理性决策有关。首先，要消除内心对说脏话的罪恶感，不要觉得自己说脏话是什么严重的事情。其次，孩子要认识到，尽管情绪宣泄是自然的，但选择合适的表达方式更为重要。

孩子的英语发音不标准怎么办？

首先，家长可以为孩子选择合适的英语学习资源，如发音标准的音频教材或在线课程，让孩子在模仿中逐渐纠正发音。其次，鼓励孩子多听多说，通过日常对话练习，提高口语表达能力。再次，参加英语角或语言交流活动，与母语为英语的人士交流，也是提升发音的有效途径。最后，定期进行发音练习，并寻求专业教师的指导和反馈，可以帮助孩子系统地改进英语发音。

趣味小贴士

美式英语与英式英语在发音上展现出显著的差异，尤其是在元音的发音上。在辅音的发音上，美式英语倾向于频繁使用“r”音，而英式英语则相对较少。

名师点拨

掌握音标对于孩子来说至关重要，它是准确发音的基石。无论是英式音标还是美式音标，选择适合自己的进行学习，将有助于你更有效地记忆单词和流畅地表达句子。此外，模仿英语母语者的发音、语调和节奏，可以显著提升发音精确度。

如何在交流中熟练掌握英语？

首先，要提升英语口语能力，需要不断练习。可以通过参加语言交流活动，找到母语为英语的伙伴进行对话练习。其次，多听多说也是关键，可以通过观看英文电影、电视节目或收听英语广播来提高听力和模仿发音。最后，使用英语进行日常思考，尝试用英语表达自己的想法和感受，也是提升口语流利度的有效方法。

趣味小贴士

记录自己的英语口语，回听并分析自己的发音和语调，是自我提升的重要手段。

名师点拨

在实际交流中，积极参与英语角或语言俱乐部的活动，参与一个真实的语言环境，孩子可以在轻松的氛围中练习英语口语。同时，利用现代技术，如英语学习软件和英语在线交流平台，孩子可以随时随地找到交流伙伴，进行实时英语对话练习。

如何让孩子爱上阅读英文书籍？

选择适合孩子年龄和兴趣的英文书籍，可以激发他们的阅读兴趣。例如，对于幼儿来说，彩色插图丰富、故事情节简单有趣的英文绘本是很好的选择。随着孩子年龄的增长，可以逐渐引入故事情节更复杂和词汇量更大的英文书籍。此外，家长的参与和鼓励也至关重要，定期与孩子一起阅读，讨论书中的内容，可以加深孩子对阅读的理解和喜爱。

趣味小贴士

可以设定一个家庭阅读时间，让阅读成为家庭生活的一部分，培养孩子的阅读习惯。

名师点拨

家长可以为孩子创造一个舒适的阅读环境，比如一个安静的角落，配备舒适的阅读椅，保证充足的光线，让孩子在阅读时感到舒适和放松。家长可以和孩子一起设定阅读目标，比如每周读完一本英文书，并给予适当的奖励。

背诵英语课文有必要吗？

背诵英语课文对于提高语言学习者的记忆力和语感有着不可忽视的作用。通过反复朗读和背诵，学习者能够更好地掌握英语单词的发音、句子的节奏以及语言的韵律。此外，背诵还能帮助学习者在没有参考的情况下，自然而然地使用英语进行表达，这对于提高口语流利度和写作能力都有积极的影响。然而，背诵并非学习英语的唯一方法，它应该与其他学习策略相结合，如听力训练、阅读理解和实际交流，以达到更全面的语言能力提升。

趣味小贴士

学英语就像学语文一样需要背诵，因为背诵能够帮助学生深化对语言结构的理解和记忆。

名师点拨

在选择背诵材料时，挑选那些语言优美、内容丰富且适合孩子水平的课文。这样不仅能激发孩子的兴趣，还能确保他们能够理解并吸收所背诵的内容。同时，背诵时要注意方法，避免机械记忆，而是要理解课文的含义和背景。

如何引导孩子使用英文写日记？

首先，家长可以鼓励孩子从简单的句子开始，每天记录一些生活中的小事情，比如他们吃了什么、做了什么活动或者他们的心情如何。其次，家长可以和孩子一起讨论日记的主题，帮助他们扩展思维，增加内容的丰富性。再次，可以使用图片、贴纸等辅助工具，让写日记的过程更加有趣。最后，定期和孩子一起回顾他们的日记，并给予正面的反馈和鼓励，这样可以增强孩子的自信心，激发他们继续用英文写作的兴趣。

趣味小贴士

坚持写英文日记可以帮助积累英文知识，提高英文写作水平。通过记录个人经历和感受，孩子能够更好地理解自己的情感和想法，从而促进自我认知的发展。

名师点拨

家长可以提供一些写作提示或问题，激发孩子写日记的想象力和创造力。同时，鼓励孩子在日记中使用新学的英文词汇和句型，这样可以巩固他们的语言知识。此外，父母可以与孩子分享自己的日记，通过榜样的力量来激励孩子。

听英文歌对孩子学习英文有帮助吗？

答案是肯定的。听英文歌曲能够以一种轻松愉快的方式提升孩子的语言学习兴趣。首先，音乐本身具有吸引力，能够激发孩子的好奇心和探索欲。其次，英文歌曲中的旋律和节奏有助于记忆，孩子们往往能更快地记住歌曲中的歌词，从而在不知不觉中学习到新的词汇和表达方式。再次，英文歌曲中的语言通常比较贴近生活，多为日常对话中的语言，这有助于孩子理解并在实际交流中直接应用。最后，听英文歌还能帮助孩子了解不同的文化背景，增加跨文化交流的能力。

趣味小贴士

英文歌曲中包含了丰富的词汇和多样化的表达方式，这些在日常对话或教材中可能难以接触到。

名师点拨

听英文歌能培养孩子的语感。英文歌曲中的韵律和节奏往往与日常语言的韵律和节奏相似，这有助于孩子在实际使用英语时，能够更加自然流畅地表达。同时，英文歌曲中的情感表达丰富，孩子在模仿和学习的过程中，可以更好地理解语言背后的情感色彩。

英语影片能提高孩子英语水平吗？

答案是肯定的，但效果取决于多种因素。首先，选择适合孩子年龄和语言水平的英语影片至关重要。其次，家长或教师的引导也非常重要，他们可以帮助孩子理解影片内容，并鼓励孩子模仿影片中的对话。再次，重复观看同一部英语影片，让孩子在不同阶段学习不同的语言点，也是提高语言能力的有效方法。最后，将观看英语影片与实际的语言练习相结合，如角色扮演或讨论影片内容，可以进一步加深孩子对语言的理解和应用。

趣味小贴士

电影中的角色和情境可以帮助孩子理解不同文化背景下的语言使用，从而提高跨文化交流的能力。

名师点拨

英语电影提供了一个生动的语言环境，孩子可以在观看的过程中自然地吸收语言的节奏和语调。通过英语电影中的对话和情节，孩子能够学习到日常生活中常用的表达方式和俚语，使其所学的语言更加地道。

如何给孩子选择英语书籍？

首先，考虑孩子的年龄和兴趣，挑选适合他们阅读水平的英语书籍。其次，选择那些能够激发孩子想象力和创造力的英语书籍，这样可以提高他们的阅读兴趣。同时，确保书籍内容健康、积极，有助于孩子形成正确的价值观。最后，可以让孩子参与到选择英语书籍的过程中来，这样他们更有可能对阅读产生热情。

趣味小贴士

不要忘记利用网络资源，许多教育网站和在线书店都提供了详细的分级读物列表和评价，可以帮助家长做出明智的选择。

名师点拨

想提高孩子英语阅读能力，但不知道怎么挑选英语分级读物？其实，既省心又放心的方法就是跟着国家教育大纲的指导方向，直接跟着学校要求的标准选。选择那些与孩子年龄和英语水平相匹配的读物，确保内容既不会太难也不会太简单。

与汉语相比较，英语的特点有哪些？

英语作为一种国际通用语言，在全球范围内拥有广泛的使用者。首先，英语的语法结构相对简单，规则性较强，这使得学习者能够更快地掌握基础语法。其次，英语的词汇量庞大，且具有很强的适应性和包容性，能够不断吸收外来词汇，适应科技和文化的发展。再次，英语的发音系统虽然对于非母语者来说可能较为复杂，但一旦掌握，就能较为准确地表达和理解。复次，英语的国际地位使得它在学术、商业、科技和娱乐等领域中占据主导地位，掌握英语能够为个人提供更多的机会和资源。最后，英语的普及也促进了跨文化交流，有助于增进不同文化之间的理解和尊重。

趣味小贴士

英语的广泛使用促进了跨文化交流，有助于不同文化背景的人们相互理解和尊重。

名师点拨

汉语（含汉字）的历史更早，结构和演化有一个很复杂且冗长的历程，在世界文明中是独一无二的。相比汉语，英语的语法相对简单明了，适合交流和沟通，更容易理解和掌握。

孩子记不住英语语法知识怎么办？

首先，不要过于焦虑。语言学习是一个逐步积累的过程，对于孩子来说，重要的是培养语感和兴趣。可以通过游戏、故事和歌曲等有趣的方式，让孩子在轻松愉快的环境中接触和使用语言。其次，可以将复杂的英语语法规则简化，用孩子能够理解的方式解释，比如通过图片、动画或者实物来辅助说明。此外，定期的复习和实践也至关重要，通过不断的练习，孩子能够逐渐掌握并记住英语语法知识。最后，家长和教师的耐心和鼓励是孩子学习过程中的强大动力，适时的表扬和奖励能够有效提高孩子的学习积极性。

趣味小贴士

家长在辅导孩子时，应更多地引导他们去理解并实际运用所学的英语知识，而不仅仅是进行无意义的重复。

名师点拨

通过分类记忆单词，依据词性和主题等标准对英语单词进行归类，这将有助于孩子更有效地记忆和理解英语单词。制作英语单词卡片，将已学英语单词记录在卡片上，利用零散时间进行复习。在学习英语语法时，应当将理解放在首位。

孩子的英语书写潦草怎么办？

首先，家长可以鼓励孩子多练习书写，因为熟能生巧是提高书写水平的有效方法。其次，可以引导孩子学习正确的握笔姿势和书写技巧，这有助于他们形成良好的书写习惯。此外，使用一些辅助工具，如英语书法习帖和笔迹矫正器，也能帮助孩子逐渐改善潦草的字迹。最后，家长可以与孩子一起设定小目标，并在孩子取得进步时给予适当的奖励，以增强他们的英语书写动力和兴趣。

趣味小贴士

家长可以定期检查孩子的作业，给予及时的反馈和指导，帮助孩子逐渐改进书写。

名师点拨

孩子英语书写潦草的原因主要包括急于完成作业和缺乏正确的书写习惯。为了解决这个问题，家长应该与孩子一起分析潦草的原因，是不是因为孩子对英语学习缺乏兴趣，或者是书写工具不适合孩子使用。

孩子跟不上英语课程节奏怎么办？

首先，家长应该与孩子的英语老师进行沟通，了解孩子在学习上的具体困难。其次，可以考虑为孩子提供额外的辅导资源，比如请家教或者参加英语补习班。此外，家长也可以鼓励孩子在家中多听多说英语，通过观看英语动画片、听英语故事等方式为孩子创造语言环境。同时，家长应保持耐心，给予孩子足够的鼓励和支持，帮助他们建立学习英语的信心。

趣味小贴士

可以让孩子听英语故事、新闻广播、儿童歌曲等，这些都能在提高听力的同时，增加孩子对英语学习的兴趣。

名师点拨

孩子一定要掌握好英语单词，英语词汇量一定要跟上。英语单词是英语学习的基础，家长可以通过默写英语单词、重复听写等方式帮助孩子巩固记忆。同时也要多多训练英语听力，家长可以利用各种在线资源和应用程序，为孩子提供丰富的英语听力练习材料。

抓不住阅读理解中的重点怎么办？

这可能是因为孩子们阅读时缺乏有效的策略和技巧。首先，他们可能没有掌握如何快速识别文章主旨和作者观点。其次，孩子可能不熟悉如何从文本中提取关键信息，比如主题句和支撑细节。此外，英语词汇量的限制也可能是一个因素，孩子可能因为不认识某些英语单词而错过重要信息。最后，缺乏背景知识和文化理解也会导致孩子难以把握文章的深层含义。为了提高英语阅读理解能力，孩子需要在教师的指导下，通过练习和阅读不同类型的文本，来增强这些技能。

趣味小贴士

在日常阅读时，我们无须过分追求方法，但仍应有意识地识别文章的核心段落和关键句子，培养迅速捕捉文章主旨的能力。

名师点拨

家长应引导孩子在阅读过程中掌握有效的学习技巧。务必重视阅读的频率。初次阅读时，应迅速浏览全文以把握大意，随后针对阅读材料后的思考题，在文中定位相关细节。这种策略在考试中不仅能够节约时间，还能够提升答题的精准度。

跟不上听力考试的节奏怎么办？

首先，家长和教师需要评估孩子在听力理解上的具体困难。这可能包括英语词汇量不足、对语速不适应或是对口音不熟悉。一旦确定了问题所在，就可以采取针对性的训练方法。例如，通过听写练习来增强英语词汇记忆，或是使用分级听力材料逐步提高孩子的听力水平。此外，鼓励孩子在日常生活中多听英语，如观看英语电影、听英语歌曲或播客，也能有效提升他们的英语听力技能。重要的是，家长和教师应保持耐心，为孩子创造一个支持和鼓励的环境，帮助他们克服困难，逐步跟上听力考试的节奏。

趣味小贴士

定期进行模拟考试，让孩子在实际操作中熟悉考试流程和题型，从而在真正的英语听力考试中更加从容不迫。

名师点拨

家长多多辅助孩子进行英语听说训练。通过模拟真实听力考试场景，增强孩子的应试能力。训练时应注意节奏问题，把握时间，并确保孩子能在规定时间内完成听力任务。同时，家长可以引导孩子进行角色扮演，模拟英语听力考试中的对话情景。

如何让孩子写出精彩的英语作文？

首先，培养孩子的阅读习惯至关重要。通过阅读各种类型的英文书籍和文章，孩子可以吸收丰富的英文词汇和句型结构，这将为他们写作时提供灵感和素材。其次，鼓励孩子多思考、多表达自己的想法。家长和教师可以定期与孩子进行讨论，引导他们就感兴趣的话题发表意见，这样可以锻炼他们的思维能力和语言组织能力。最后，提供写作指导和练习的机会。通过写作工作坊、作文比赛或家庭作业，孩子可以在实践中不断学习和改进，从而提高他们的英语写作技巧。

趣味小贴士

家长和教师可以鼓励孩子分享自己的英语作文，通过同伴的反馈和讨论，孩子可以学习到不同的观点和建议，进一步提高英语写作水平。

名师点拨

英语阅读加写作练习是提高写作技巧的有效方法。通过阅读，孩子可以接触到不同的写作风格和表达方式，这有助于他们在写作时更加灵活地运用语言。同时，英语写作练习能够帮助孩子将所学英语知识转化为实际应用。

孩子对英文创意写作抵触怎么办？

首先，家长和教师应该了解孩子抵触的原因。可能是他们对英语不够自信，或者对写作过程感到困惑和压力。接下来，可以通过游戏化学习来激发孩子的兴趣，比如通过角色扮演游戏或英语故事接龙来练习英文写作。此外，提供多样化的写作主题和材料，让孩子在轻松愉快的氛围中练习，也是提高他们兴趣的有效方法。最后，给予孩子积极的反馈和鼓励，帮助他们建立信心，逐渐克服对英文创意写作的抵触情绪。

趣味小贴士

尝试不同的教学方法，比如通过故事讲述、角色扮演或互动游戏来激发孩子的想象力和创造力，使英文创意写作变得更加吸引人。

名师点拨

孩子对英文创意写作抵触的原因可能包括缺乏兴趣、学习压力过大，以及不适合的英语教学方法。首先，了解孩子的兴趣所在，将这些兴趣点融入写作练习中，使学习过程更加个性化和有趣。其次，减轻孩子的学习压力。

英语演讲能提高孩子的综合能力吗？

是的，英语演讲能够显著提高孩子的综合能力。首先，它可以锻炼孩子的语言表达能力，使他们能够更加流畅和自信地使用英语进行沟通。其次，通过准备和呈现演讲，使孩子学会如何组织思路和结构化地表达观点，这对他们的逻辑思维和批判性思维能力是一种提升。再次，英语演讲还能够增强孩子的自信心和公众演讲技巧，这些技能在未来的学术和职业道路上都是非常宝贵的。最后，参与英语演讲活动还能帮助孩子拓宽视野，了解不同的文化背景，从而培养他们的全球意识和跨文化交流能力。

趣味小贴士

英语演讲也有助于提升自我表达能力，帮助孩子更好地认识自己，从而更清晰地向他人表达自己的想法和感受。

名师点拨

参与英语演讲比赛，孩子能够提升自身的综合素养，学会在压力环境中保持镇定和专注，这对于他们将来面对挑战时至关重要。此外，他们还能借此增强团队协作能力，因为许多英语演讲项目要求小组合作完成。

跨国交友能帮助孩子学好英语吗？

这个问题的答案并不是绝对的。一方面，通过与不同国家的人交流，孩子可以接触到各种各样的英语口音和表达方式，这有助于他们提高语言的适应能力和理解力。另一方面，语言学习是一个复杂的过程，需要系统的教学和大量的练习。因此，虽然跨国交友可以作为学习英语的辅助手段，但不能完全依赖它来达到精通英语的目的。家长和教育者应该鼓励孩子在日常生活中多使用英语，并结合正规的教育课程来提高他们的语言技能。

趣味小贴士

如果孩子过分依赖外国朋友，而忽略了其他学习资源，这可能会对其全面成长造成一定的影响。

名师点拨

与外籍人士的互动能够使孩子更深入地融入英语语境，进而提升他们的口语交流技巧。这种直接的对话交流相较于仅仅依赖教科书或学习软件，显得更为生动且实际。尽管与国际友人交友对孩子的英语学习大有裨益，但也可能带来一些潜在的不利影响。

如何让孩子跨国交友学英文？

1.利用语言交换平台，让孩子与外国小朋友进行一对一的语言交换，通过视频聊天或文字交流的方式互相学习。

2.参加国际夏令营或文化交流活动，让孩子在实际的国际环境中使用英语进行日常交流。

3.加入在线国际儿童社区，参与各种兴趣小组和讨论，与来自不同国家的孩子共同完成项目或游戏。

4.利用社交媒体和博客，鼓励孩子用英语记录自己的生活和兴趣，与国际上的朋友分享和互动。

5.参与国际笔友计划，通过书信往来的方式与外国孩子建立长期的友谊，同时提高英语写作能力。

趣味小贴士

通过网络平台，孩子能够与外国朋友进行实时视频聊天，这不仅有助于提升他们的口语技能，还能让他们接触到不同的文化背景和习俗。

名师点拨

学习英语并结交国际友人，旨在与以英语为母语的外国朋友进行语言交流。最直接有效的方法是在家长和教师的引导下，通过网络平台结识这些异国朋友。然而，家长和学校必须确保这种交流是安全的，并在适当的监督下进行。

打字与口语交流能锻炼什么英语能力？

打字交流主要锻炼的是书面表达能力，它要求孩子们准确地使用语法和拼写，同时能够快速地组织和表达思想。而口语交流则侧重于听力理解和即兴反应能力，它要求孩子们能够迅速理解对方的话语，并做出恰当的口头回应。此外，口语交流还能够提高发音和语调的准确性，以及非语言沟通技巧，如肢体语言和面部表情的运用。

趣味小贴士

在英语学习中，打字交流能够帮助学生提高书面表达能力，包括语法的正确使用和拼写的准确性。

名师点拨

在书面交流中，孩子能够获得额外的时间去深思熟虑和修订文字，这有助于提升他们语言表达的准确性和逻辑性。相对而言，口头交流更强调即兴反应和表达的流畅性，它有助于培养孩子在未做准备的情况下迅速做出反应的技巧。

如何使孩子保持文化自信？

首先，家长和教育者应当鼓励孩子了解自己的文化根源、认同自己的文化身份。通过阅读经典文学、历史故事、民间传说等，孩子可以对自己的文化有更深入的认识。其次，参与传统节日和文化活动也是培养文化自信的重要途径。通过亲身体验和实践，孩子能够更加直观地感受到自己文化的独特魅力。此外，教育者可以在课程中融入跨文化比较，帮助孩子理解不同文化之间的共性和差异，从而在尊重他人的同时，更加珍视和自信于自己的文化身份。最后，家庭和教育者应当创造一个开放的环境，鼓励孩子们表达自己对文化的看法和感受，这样不仅能够增强他们的文化自信，还能促进他们成为具有全球视野的公民。

趣味小贴士

通过学习书法、绘画、音乐、舞蹈等传统艺术，孩子可以亲身体验到中华文化的博大精深。同时，家长和教育者可以引导孩子学习和了解中国的哲学思想。

名师点拨

家庭应提供丰富的多元文化资源，包括图书、影视作品和网络资料，以便孩子能够自发地探索和学习世界各地的优秀文化。

孩子开始变得媚外怎么办？

首先，家长需要了解孩子媚外的原因。这可能是由于孩子接触到的外来文化具有新鲜感和吸引力，或者他们认为外国的事物更加先进和优越。家长可以通过与孩子进行开放式的对话，了解他们的想法和感受。其次，家长应该鼓励孩子发展批判性思维，帮助他们分辨不同文化中的优劣之处，而不是一味地排斥或盲目崇拜。再次，家长可以引导孩子学习本国的文化和历史，增强他们对本土文化的认同感和自豪感。最后，家长应该为孩子树立正确的价值观，教育他们尊重多元文化，理解每种文化都有其独特之处，从而培养孩子成为具有国际视野和本土情怀的人。

趣味小贴士

媚外是不健全世界观的表现，它源于对外国文化的误解或对本土文化的不了解。

名师点拨

家长应适度监管孩子接触的媒体内容，以减少过度崇洋媚外的影视作品、音乐和广告等对他们的影响。家长和学校应支持孩子在艺术和科技等领域的创新尝试，并引导他们认识到这些领域的成就并非仅限于国外。

A总结

家庭在英语学习中扮演着独特且不可或缺的角色。家长可以在家中营造浓郁的英语氛围，如将家中部分物品贴上英语标签，让孩子在日常生活中自然接触英语词汇。亲子共同观看英语动画、英语电影或收听英语广播，在轻松愉快的情境中培养孩子的英语语感与英语听力。鼓励孩子用英语进行日常交流，哪怕只是简单的问候、描述日常活动，都能有效提升其英语口语表达的流利度与自信心。家长还可以与孩子一起阅读英语绘本，通过生动的图片与简洁的文字，激发孩子对英语阅读的兴趣，帮助他们积累词汇与语言表达方式，并在阅读过程中引导孩子思考、提问，锻炼其英语思维能力。

家校共育的紧密结合为英语学习注入了强大动力。家长积极配合学校的教学安排，督促孩子完成作业、复习功课，及时向教师反馈孩子在家中的学习情况与问题，以便教师能够根据孩子的个体差异调整教学策略，实施个性化教育。

综上所述，在家校共育的协同努力下，相信孩子们能够在家庭与学校的双重滋养下，全方位、多角度地接触英语、学习英语、运用英语，逐步建立起扎实的英语基础与良好的语言素养，为其未来在国际交流、学术研究、职业发展等诸多方面开启充满无限可能性的大门，使其在全球化的浪潮中能够自信地扬帆远航，与世界接轨，拥抱更加广阔的未来。

家校共育4

全面提升

人文素养

许元哲　梁淑兰　黄胜波　程祖英◎著

助孩子爱上“小四门”

中国出版集团
中译出版社

图书在版编目（CIP）数据

全面提升人文素养 / 许元哲等著 . -- 北京 ：中译出版社，2025. 3. --（家校共育）. -- ISBN 978-7-5001-8163-7

I. G625.5

中国国家版本馆 CIP 数据核字第 2025BX1870 号

全面提升人文素养

QUANMIAN TISHENG RENWEN SUYANG

出版发行：中译出版社
地　　址：北京市西城区新街口外大街 28 号普天德胜大厦主楼 4 层
电　　话：010-68002876
邮　　编：100088

责任编辑：张　旭
文字编辑：李雪梅

印　　刷：三河市祥达印刷包装有限公司
规　　格：710毫米 × 1000毫米　1/16
印　　张：6
字　　数：45千字
版　　次：2025年3月第1版
印　　次：2025年3月第1次

ISBN 978-7-5001-8163-7　定价：139.00元（全4册）

前言

在孩子成长的道路上，家校协同教育宛若车之双轮、鸟之双翼，发挥着关键作用，特别是在人文素养的培养上。尽管学校的知识教育至关重要，但家庭环境的熏陶往往更深刻地影响着孩子的人文素质。

历史，作为一面镜子，映照出人类社会的演进与变迁。家校协同教育能够引导孩子深入探究历史。家长可以带领孩子参观历史博物馆、古迹遗址，分享家族故事、地方历史，让孩子亲身体验历史的深邃与魅力。而学校则通过系统的历史课程，帮助孩子构建历史知识体系，理解社会发展的规律。

生物学让孩子探索生命的奥秘。在家庭生活中，家长可以与孩子一同饲养宠物、种植植物，观察生物的生长过程，培养孩子对生命的关爱与敬畏之情。学校则利用丰富的生物实验课程和专业的知识讲解，帮助孩子深入理解生物的结构、功能、遗传与进化等概念。

社会人文教育为孩子打开了一扇认识世界的窗口。在旅行中，家长可以引导孩子观察不同地区的地形地貌、气候特点、风土人情，让孩子直观感受社会人文与自然环境的多样性。学校的课堂则传授关于地球构造、大气环流、区域资源等知识。

道德与法治教育塑造孩子健全的人格与法治意识。家庭是孩子道德教育的首要场所，家长通过身体力行，传递诚实守信、尊老爱幼、友善互助等传统美德，为孩子树立正面的道德典范。学校则通过道德与法治课程，向孩子传授法律知识、社会公德、公民权利与义务等内容。

上面这些都是本册图书所揭示的家校协同教育。我们从多学科知识与素养的培养出发，基于一线名师对优秀学生的学习方法和家庭环境的了解，总结出一套全面促进孩子成长的方法，并以趣味的形式展现出来。

衷心希望本书的内容能帮助家长为孩子未来的道路铺垫坚实而广阔的基石，让他们在成长的旅途中不仅能汲取知识与智慧，而且能培养出优秀的品格与素养，勇敢地向着光明的未来迈进。

目录

提升历史智慧　历史篇

如何学习历史能让孩子更有智慧？…… 2
历史在社会文化中很重要吗？…… 3
文物在历史学中扮演什么角色？…… 4
孩子学历史能提高哪些素养？…… 5
孩子历史观念差怎么办？…… 6
知识卡片能帮孩子学好历史吗？…… 7
如何提高孩子学习历史的兴趣？…… 8
为什么历史教科书的一些内容会变？…… 9
如何在家中营造学习历史的氛围？…… 10
如何给孩子挑选历史书籍？…… 11
孩子不能共情历史人物怎么办？…… 12
如何通过英雄人物让孩子学习历史？…… 13
孩子有历史虚无主义倾向怎么办？…… 14
如何巧妙帮孩子提高历史知识水平？…… 15
历史朝代歌对学习历史很重要吗？…… 16
结合家族史学习历史好吗？…… 17
家长缺乏历史知识如何辅导孩子？…… 18
孩子对某一段历史有偏见怎么办？…… 19
孩子不懂得分析历史逻辑怎么办？…… 20
孩子分不清戏说跟历史的区别怎么办？…… 21
预习跟复习在学习历史中很重要吗？…… 22

提升人文素养　地理篇

为什么纯文科思维学不好地理？…… 24
学习地理过程中藏着哪些学习方法？…… 25
为什么地理知识能帮人获取财富？…… 26
为什么军事家必须学好地理？…… 27
孩子对地理提不起学习兴趣怎么办？…… 28
现在的地理学科有多重要？…… 29
为什么详细地图是重要机密？…… 30
探险有助于培养孩子的地理素养吗？…… 31
孩子对地理课本不感兴趣怎么办？…… 32
学习地理能培养孩子哪些素养？…… 33
如何为孩子提供学习地理的环境？…… 34
为什么图文结合思维对地理很重要？…… 35
孩子缺乏图形记忆力怎么锻炼？…… 36
在家中要准备哪些地理教具？…… 37
如何把地理学习与生活结合起来？…… 38
经济条件差怎么让孩子学好地理？…… 39
如何记住纷繁复杂的地理术语？…… 40
如何利用新闻事件学习地理知识？…… 41
哪些爱好跟地理知识相关？…… 42
为什么天文知识也属于地理范畴？…… 43
为什么说地理是以人为本的学科？…… 44

提升生物素养　生物篇

如何激发孩子学习生物的兴趣？…… 46
学习生物能提高孩子哪些素养？…… 47
生物科技在当下处于什么地位？…… 48
我国的生物科技处于什么水平？…… 49
为什么生物看似简单实际难学？…… 50
孩子记忆力差怎么学好生物？…… 51
如何循序渐进学习生物？…… 52
为什么说厨房是生动的生物课堂？…… 53
如何让孩子学习微生物知识？…… 54
如何让孩子学会使用显微镜？…… 55
孩子在城市如何接触更多动植物？…… 56
孩子害怕接触动物怎么办？…… 57
为什么学习生物也需要抽象思维？…… 58
如何为孩子挑选生物相关的图书？…… 59
在家中能准备哪些生物教具？…… 60
如何帮助孩子建立系统性思维？…… 61
如何为孩子科普青春期相关知识？…… 62
学生物利于摆脱青春期困扰吗？…… 63
《本草纲目》能帮孩子学生物吗？…… 64
死记硬背生物知识能有好成绩吗？…… 65
生物知识多，孩子压力大怎么办？…… 66
如何培养孩子的实验操作能力？…… 67
孩子生物实验探究能力弱怎么办？…… 68

提升政治素养　道法篇

为什么道法学习更依赖家校共育？ ········ 70
家里没人熟悉相关道法知识怎么办？ ········ 71
为什么说道法学科是公民必修课？ ········ 72
孩子认为道法知识枯燥怎么办？ ········ 73
如何培养孩子的道德与法治意识？ ········ 74
如何把道法知识与生活联系起来？ ········ 75
为什么道法知识能让思维更严谨？ ········ 76
家长表率是孩子学好道法的关键吗？ ········ 77
如何在家中营造学习道法的氛围？ ········ 78
填鸭式教育适用于道法课吗？ ········ 79
为什么说学习道法是学习为人处世？ ········ 80
孩子觉得学校道法课时不够怎么办？ ········ 81
主动预习对学好道法有多重要？ ········ 82
如何利用社会资源学习道法？ ········ 83
如何引导孩子学以致用？ ········ 84
让孩子更自主是否有助于道法学习？ ········ 85
“共情”意识是学道法的窍门吗？ ········ 86
孩子学习道法产生畏难情绪怎么办？ ········ 87
关注社会新闻有助于孩子学习道法吗？ ········ 88

提升历史智慧

历史篇

如何学习历史能让孩子更有智慧？

学习历史能让孩子更有智慧，因为历史是一面镜子，可以映射出人类社会的发展轨迹。通过探究历史事件和人物，孩子们不仅能够理解每个政治决策的深远影响，还能培养批判性思维和解决问题的能力。历史长河中的经验和教训展现了不同文化和社会的丰富多样性，学习它们有助于孩子们增强同理心，拓宽全球视野，从而在面对现代社会的复杂问题时，能够更加明智地做出判断和选择。

趣味小贴士

家长可以和孩子一起“穿越”历史，通过角色扮演游戏，让孩子在乐趣中学习。这样可以让孩子记得更牢，更顺畅地转化为自身能力。

名师点拨

历史教育能培养孩子的时空观念，帮孩子理解不同文化和社会的演变规律，这是学习历史提升智慧的基础，也是发展唯物主义历史观念的重要方法。

历史在社会文化中很重要吗？

历史在社会文化中扮演着至关重要的角色。它是文明发展的脉络，记录了人类社会的演变和文化传承。历史不仅让我们了解过去，更是通过过去的经验和教训，为现代社会提供宝贵的参考和启发，帮助我们理解文化的形成和演变，以及不同社会群体之间的互动。学习历史，还能够增强民族认同感，促进文化多样性的保护和创新，对于构建和谐的社会环境具有不可替代的作用。

趣味小贴士

历史上的每一天都可能隐藏着有趣的故事，每天通过“历史上的今天”学一点历史，你会发现世界比你想象的还要精彩！

名师点拨

细化历史知识点，如“工业革命”，从技术革新、社会结构变化、经济影响等多角度分析，有助于孩子全面理解历史事件的复杂性和深远影响，培养批判性思维和跨学科分析能力。

文物在历史学中扮演什么角色？

文物在历史学中扮演着至关重要的角色。它们是历史的直接物证，为人们研究历史提供了实物基础。文物不仅能够验证文献记载的准确性，还能填补文献资料的空缺，帮助学者重建历史场景。通过研究文物，我们能够直观地了解古代社会的生活方式、技术水平、艺术风格和宗教信仰等，从而更深入地理解历史。文物是连接过去与现在的“桥梁”，它们的存在使得历史不再是抽象的文字描述，而是具体、生动的实物展现。

趣味小贴士

可以和孩子一起参观博物馆，让孩子亲手触摸历史，培养他们的历史兴趣和文化归属感与自豪感。

名师点拨

文物是历史的见证者，通过文物，我们能够直观感受和理解过去的生活方式、社会结构和文化发展。保护和研究文物，不仅是为了保存历史，更是为了让我们和后代能够从中汲取智慧，理解人类社会的发展脉络。

孩子学历史能提高哪些素养？

学习历史对孩子的素养提升具有深远影响。首先，它能够培养孩子的批判性思维，使他们学会从多个角度分析历史事件，评估不同来源的信息，从而形成独立见解。其次，学习历史丰富了孩子的文化素养，让他们了解不同文化和文明的发展，增强对多元文化的理解和尊重。再次，通过探索世界各地的历史，孩子们能够拓宽全球视野，理解不同国家和地区之间的联系与差异。最后，学习历史还锻炼了孩子们的时空观念和逻辑推理能力，使他们能够更好地理解事物的发展脉络和因果关系。

趣味小贴士

家长可以和孩子一起研究历史人物，通过不同角度、不同思维的碰撞产生“火花”，让孩子在乐趣中学习历史，增强记忆和理解。

名师点拨

学习历史不仅是记忆年代和事件，更重要的是理解历史背后的逻辑和影响。家长应鼓励孩子从不同文化和国家的角度去理解同一历史事件，培养孩子的全球视野。

孩子历史观念差怎么办？

首先，可以通过讲述生动有趣的历史故事来激发孩子的兴趣。其次，利用历史纪录片和电影，以视觉和听觉相结合的方式来展现历史，这样可以使历史事件更加生动，易于孩子理解。再次，应鼓励孩子阅读适合他们年龄的历史书籍。还可以通过角色扮演和模拟历史事件的活动，让孩子亲身体验历史情境，这样的互动活动可以提高孩子的参与感和兴趣。最后，参与历史主题的讨论和活动，如学校的历史知识竞赛或家庭中的历史话题讨论，让孩子在实践中加深对历史的理解。

趣味小贴士

将历史事件和人物故事化，让孩子通过故事来了解历史，比如历史小说、漫画或者动画都是很好的方式。

名师点拨

培养孩子的历史观念，可以通过“历史与现实的对照”激发兴趣，结合历史事件与现实生活，让学生理解历史的现实意义。这样的历史教育对孩子个人成长和社会责任感的培养至关重要。

知识卡片能帮孩子学好历史吗？

知识卡片通常包含图像、图表和简洁的描述，这样的视觉元素能够吸引孩子的注意力，提高他们的学习兴趣。此外，知识卡片便于携带，孩子可以随时随地进行复习，这有助于加深记忆和理解。为了提高孩子的历史观念，家长和教师可以引导孩子制作和使用知识卡片。例如，可以让孩子通过制作人物卡、典故卡和知识卡来整理历史知识点。人物卡可以介绍历史人物，典故卡讲述历史故事，而知识卡则提供历史文化常识。这样的分类方法能够帮助孩子系统地理解和记忆历史知识。

趣味小贴士

优先选择孩子感兴趣的历史主题制作知识卡片，比如孩子喜欢的英雄人物或重大历史事件。

名师点拨

知识卡片是一种有效的学习工具，能够帮助学生以更有趣、更直观的方式学习历史，提高学习兴趣和效率，可以合理利用知识卡片，激发学生的学习热情，提高学习历史的效果。

如何提高孩子学习历史的兴趣？

要提高孩子学习历史的兴趣，可以尝试以下方法：首先，将历史事件以故事形式呈现，增加趣味性；其次，利用历史纪录片和电影，提供视觉听觉双重体验；再次，通过角色扮演游戏，让孩子亲身体验历史角色；复次，参观博物馆和历史文化遗址，让孩子感受历史氛围；最后，鼓励孩子阅读历史小说和漫画，以轻松的方式接触历史。这些方法能激发孩子的好奇心和探索欲，使历史学习变得生动有趣。

趣味小贴士

家长可以与孩子一起观看历史电影，共同讨论，激发孩子对历史的兴趣。

名师点拨

提高孩子学习历史的兴趣，关键在于使历史学习变得生动，还要和孩子自身的认知水平相适应。通过利用多媒体和互联网资源、史料研习和历史探究等手段，可以有效提高孩子学习历史的兴趣。

为什么历史教科书的一些内容会变？

历史教科书内容的变化是为了适应教育目标和时代要求的不断演进。首先，教育政策的调整是导致教科书内容变化的重要因素之一。其次，时代背景的变化也会影响教科书内容。随着中国特色社会主义进入新时代，教科书内容需要反映这一时代特征，如强调脱贫攻坚的胜利和全面建成小康社会的史事。学术研究的新成果也会被纳入教科书，以确保教学内容的科学性和前沿性。教育理念的更新，也促使教科书内容更加注重学生的需求和人文精神的养成。最后，社会文化需求的变化，也会影响教科书内容的更新。

趣味小贴士

三星堆的发掘成果使得原本清晰的历史变得再度模糊起来，这背后折射了历史教科书变化的原因之一。

名师点拨

因为社会进步、教育理念更新、新学术成果出现，以及适应学生发展需求等因素，使历史教科书能够不断适应时代的发展需求，更好地发挥其传承历史文化、培养人才的作用。

如何在家中营造学习历史的氛围？

要在家中营造浓厚的学习历史的氛围，可以采取以下措施：首先，设立一个历史角，摆放丰富的历史书籍、地图、文献和模型，让历史触手可及。其次，定期与家人一起观看历史纪录片或电影，并进行深入讨论，以增进理解。此外，组织历史知识竞赛，让家庭成员在互动中学习。利用节假日，安排孩子参观历史博物馆或文化遗址，让历史生动起来。还可以通过角色扮演游戏，让家庭成员扮演历史人物，以增加学习的趣味性。通过这些方法，让学习历史成为家庭生活的一部分。

趣味小贴士

家长可以定期在历史角举办一些活动。例如定期阅读历史书籍、讲述历史故事，同时让孩子参与讨论和提问。

名师点拨

在家中形成学习历史的氛围，能够激发孩子对历史的好奇心和兴趣，同时通过讨论和实践活动，让孩子们能更好地理解历史事件对现代社会的影响，从而在玩乐中学习历史知识。

如何给孩子挑选历史书籍？

为孩子挑选历史书籍时，应考虑孩子的年龄、兴趣和理解能力；确保书籍语言通俗易懂，避免过于学术化，以适应孩子的语言认知水平；选择故事性强、能激发兴趣的书籍，以提高孩子的阅读动力；选择权威出版社出版的书籍，以保证内容的准确性和可靠性。此外，可以参考教育专家和历史学者推荐的书目，如北大历史系教授推荐的书目，这些书目往往经过专业筛选，更适合孩子阅读和学习。

趣味小贴士

为孩子精选图文并茂、情节引人入胜的历史书籍，激发他们的阅读兴趣。负责任的家长会和孩子一起阅读历史书籍，并答疑解惑。

名师点拨

挑选历史书籍时，应注重书籍的准确性、适宜性和启发性。准确性确保孩子获得真实历史知识；适宜性指难度适中，适合孩子的认知水平；启发性则激发孩子的兴趣，培养批判性思维。这三者结合，有助于孩子全面理解历史，培养正确的历史观。

孩子不能共情历史人物怎么办？

当孩子难以共情历史人物时，可以采用多种方法来提高他们的兴趣和理解能力。首先，用生动有趣的故事来讲述历史人物的生平，可以让孩子更容易产生共鸣。其次，通过角色扮演游戏，让孩子扮演历史人物，这样能增强他们的代入感。此外，观看历史纪录片，可以帮助他们直观地了解历史背景。同时，简化复杂的历史背景，用孩子能够理解的语言来解释，也是提高他们理解能力的有效方法。通过这些方法，孩子不仅能更好地共情历史人物，还能培养他们对历史的兴趣。

趣味小贴士

通过角色扮演游戏，让孩子扮演不同的历史人物，这样可以让他们从第一人称的视角去感受和理解历史人物的决策和行为。

名师点拨

采用故事化教学法，将历史人物置于生动情境中，有助于孩子产生情感共鸣，促进深度理解和记忆。这样可以提高孩子的认知参与度，增强知识的长期留存。

如何通过英雄人物让孩子学习历史？

通过讲述英雄人物的故事，可以激发孩子对历史的兴趣。使用生动的语言和丰富的情感描述英雄的生平和成就，让孩子感受到英雄的魅力。结合历史背景，解释英雄如何影响历史进程，让孩子理解历史的重要性，增加对英雄人物的思考。此外，通过角色扮演、历史游戏或参观博物馆等互动方式，让孩子亲身体验历史，加深对历史事件和人物的理解。

趣味小贴士

家长可以和孩子一起画英雄人物卡片，通过角色卡牌游戏，让孩子在互动中学习历史，了解各个英雄人物的特点。

名师点拨

讲述英雄人物故事，能让孩子直观感受历史事件，激发学习兴趣；让孩子理解历史人物对时代的影响，从而更深刻地把握历史脉络。

孩子有历史虚无主义倾向怎么办？

面对孩子的历史虚无主义倾向，家长和教师应采取积极措施。首先，要了解孩子产生这种倾向的原因，如可能是对历史知识的误解或缺乏兴趣。其次，通过生动有趣的方式教授历史，如历史故事、角色扮演等，激发孩子对历史的兴趣。再次，引导孩子理解历史的重要性，认识到历史对现代社会的影响。最后，鼓励孩子进行批判性思考，培养他们对历史事件的独立见解，避免盲目接受或否定历史。通过这些方法，能帮助孩子树立正确的历史观。

趣味小贴士

可以设计一些历史谜题，让孩子像侦探一样去探索和发现历史真相，从而激发孩子对历史的兴趣，建立起对历史的正确认识和尊重。

名师点拨

面对孩子的历史虚无主义倾向，应坚持唯物史观，用科学的历史观引导孩子认识历史。通过教育，让孩子理解历史发展的客观规律，增强对历史事实的辨识能力。

如何巧妙帮孩子提高历史知识水平？

要巧妙提高孩子的历史知识水平，可以采取多种方法。首先，利用故事化教学，将历史事件和人物编织成有趣的故事，激发孩子的好奇心。其次，角色扮演游戏能让孩子亲身体验历史人物的生活，增强记忆。互动游戏如历史主题的桌游或电子游戏，也能提高学习兴趣。此外，鼓励孩子阅读适合他们年龄的历史书籍，观看纪录片，或参与历史博物馆的互动展览，这些都能让孩子在轻松愉快的氛围中学习和体验历史。

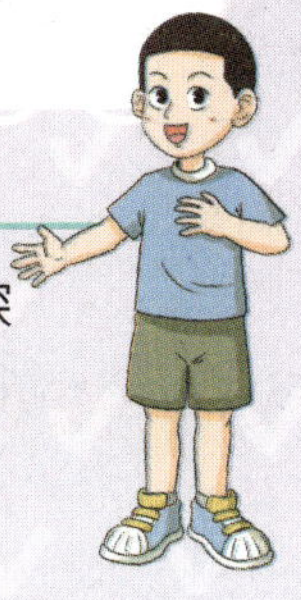

趣味小贴士

定期举行家庭讨论会，讨论历史话题，让孩子在交流中深化理解历史知识，在轻松的氛围中提高历史知识水平。

名师点拨

利用故事化教学，将历史事件以故事形式呈现，提高孩子兴趣；结合多媒体教学，如历史纪录片，增强直观感受；鼓励角色扮演，让孩子亲身体验历史情境，加深理解。

历史朝代歌对学习历史很重要吗？

历史朝代歌是学习历史的重要诀窍，因为它可以通过押韵和节奏帮助孩子记忆。朝代歌将复杂的历史顺序和事件浓缩成易于记忆的短句，使得孩子能够快速掌握中国历史的大致脉络。这种形式便于口头传唱，能增强记忆效果，尤其是对于初学者来说，它是理解和记忆历史朝代顺序的有效工具。通过朝代歌，学生可以建立起历史时间线的基础框架，为深入学习各个朝代的历史细节打下坚实的基础。

趣味小贴士

可以引导孩子将朝代歌编排成舞蹈，通过身体动作来记忆朝代顺序，增加学习的趣味性。

名师点拨

历史朝代歌作为教育手段，通过押韵和节奏帮助学生记忆历史顺序，能有效提高学习效率。它将复杂信息简化，便于理解和记忆，符合认知心理学中的记忆原理，是必要的教学策略。

结合家族史学习历史好吗？

将家族史与历史结合确实是学习历史的一个有效方法。通过探索家族史，我们能够看到历史如何在不同地区和社会阶层中展开，以及这些事件如何塑造了今天的社会和文化。家族史的研究不仅增强了家族成员之间的联系，还有助于传承家族文化和价值观。此外，家族史的学习可以激发个人对历史的兴趣和情感联系，使得学习过程更加生动和有意义。通过家族史，孩子可以了解到家族如何应对挑战和变化，以及如何适应社会变迁。

趣味小贴士

为孩子讲述自己的家族史，带孩子参观家族祖居、纪念馆等，将家族史和当时时代的历史故事相结合，让学习历史更生动。

名师点拨

将家族史与历史结合是学习历史的好方法。这种方法通过个人或家族的亲身经历，使历史事件更加生动具体，增强了学习者的代入感和情感联系。它有助于理解历史事件对个体生活的影响，从而深化学习者对历史的理解。

家长缺乏历史知识如何辅导孩子？

家长如果缺乏历史知识，可以通过多种方式辅导孩子学习历史。首先，可以利用网络资源，如在线课程、教育视频和互动网站，这些资源通常设计得既有趣又易于理解。其次，家长可以和孩子一起阅读历史书籍或漫画，通过共同学习来增进亲子关系。此外，参观博物馆和历史遗址也是很好的实践学习方式，可以让孩子亲身体验历史。最后，家长可以鼓励孩子参与学校的历史俱乐部或相关活动，与其他孩子一起交流学习。通过这些方法，即使家长自身历史知识有限，也能有效地支持孩子的学习。

趣味小贴士

家长可以与孩子一起观看历史纪录片、参与在线课程或使用教育软件，共同学习，激发孩子学习历史的兴趣。

名师点拨

家长可利用跨学科项目和在线资源，如历史纪录片、教育软件等，与孩子共同探索历史知识。这样不仅能够提升孩子的学习兴趣，还能培养其自主探究能力。同时，家长应鼓励孩子提出问题，并通过互联网等工具一起寻找答案。

孩子对某一段历史有偏见怎么办？

面对孩子对某段历史的偏见，家长和教师应采取耐心和开放的态度进行引导。首先，提供全面的历史资料，包括不同角度和观点的文献、纪录片和在线资源，以展现历史的多面性。其次，鼓励孩子进行批判性思考，通过讨论和辩论，让他们学会从多个角度看待问题。再次，培养他们的同理心，理解不同文化和历史背景下人们的行为和选择。最后，强调公正和客观的重要性，教育孩子尊重多元历史观点，避免片面和简单的历史解读。通过这些方法，帮助孩子建立一个更加全面和平衡的历史观。

趣味小贴士

如果孩子对某个历史时期特别感兴趣或有偏见，可以寻找专业的教育资源或历史学家的讲座，以获得更深入和准确的信息。

名师点拨

应采用多角度教学法，引导孩子理解历史的复杂性。通过比较不同历史观点，培养孩子的批判性思维，是构建客观历史观的关键。这有助于孩子形成全面的历史认识，避免偏见。

孩子不懂得分析历史逻辑怎么办？

帮助孩子理解历史逻辑，可以采取多种方法。首先，用生动的故事讲述历史事件，以吸引孩子的注意力和兴趣。接着，通过提问引导他们思考事件的因果关系，例如：“这个事件为什么会发生？”“它如何影响了后续事件？”这样的问题有助于培养孩子的逻辑思维。此外，使用时间线工具来帮助他们理解历史事件的先后顺序和历史发展的连续性，通过角色扮演或模拟历史情境，有助于孩子亲身体验历史决策的复杂性。通过这些互动和参与式的方法，孩子能更直观地理解历史逻辑，从而提高他们的分析能力。

趣味小贴士

与孩子一起探讨关键历史事件如何引发社会“多米诺效应”，培养他们的逻辑思维和历史洞察力。

名师点拨

通过逻辑分析，学生能深入理解历史事件的因果关系，揭示历史发展的内在规律，从而形成全面、客观的历史观。教育者应采用多元化教学方法，如案例分析、角色扮演等，以提高学生的逻辑思维能力。

孩子分不清戏说跟历史的区别怎么办？

要帮助孩子区分戏说与历史，首先应引导他们阅读权威的史书和资料，观看纪录片等真实性较强的内容。同时，向孩子解释戏说作品往往以娱乐为目的，可能包含虚构元素，而历史则是基于事实的严谨记录。还可以通过讨论和比较戏说作品与历史事实的差异，让孩子在实践中学会辨别，从而更加深刻地理解历史的真实性。此外，还应鼓励孩子提问和独立思考，培养他们辨别真伪的能力。通过这些方法，孩子能逐渐学会区分虚构与真实，形成正确的历史观念。

趣味小贴士

《三国志》是历史书籍，而《三国演义》则是戏说类图书。有趣的是，人们更喜欢后者。

名师点拨

教育孩子区分戏说与历史，可以采用角色扮演和讨论的方式。如模拟历史事件，通过让孩子扮演不同角色来理解历史情境；也可以引导孩子比较历史资料与戏剧表现的差异，这有助于提升孩子的辨识能力，是历史教育的重要一环。

预习跟复习在学习历史中很重要吗？

预习和复习在学习历史中确实至关重要。预习能够让孩子对即将学习的内容有一个基本的框架和预期，这样在课堂上就能更加专注于老师讲解的细节和难点，提高课堂学习的效率。而复习则是对已学知识的巩固，它能帮助孩子加深对历史事件、人物和概念的理解，并且通过重复记忆，将短期记忆转化为长期记忆，确保知识点能够持久保留。这两者相辅相成，不仅能够提高孩子的学习成绩，还能帮助孩子构建起一个系统化的历史知识体系，为深入学习和理解历史打下坚实的基础。

趣味小贴士

选择一个历史谜题或未解之谜，家长和孩子像侦探一样搜集资料，试图解开谜团。这样的方式无形中也就完成了预习或复习。

名师点拨

预习可以帮助孩子对即将学习的内容有一个初步的了解和框架，而复习则巩固记忆，加深理解。两者相互结合，可以提高学习效率，促进知识的长期记忆和深入理解。定期复习能够加强神经网络的连接，从而提高记忆的持久性。

提升人文素养

地理篇

为什么纯文科思维学不好地理？

纯文科思维学不好地理，是因为地理学科融合了自然、人文和社会科学。地理不仅需要对人文现象的深刻理解，还要求掌握自然地理的科学原理和空间思维能力。纯文科思维可能在空间分析、地图解读、环境变化等领域的技巧和知识上存在不足，而这些又是地理学的重要组成部分。因此，若缺乏对这些科学概念和技能的掌握，纯文科思维的学生在学习地理时可能会遇到障碍。

趣味小贴士

家长可以和孩子一起制作家庭旅行地图，玩地理拼图游戏，让学习地理变得生动有趣！

名师点拨

地理学的核心在于理解空间关系和地理现象的分布规律。通过项目式学习，如模拟城市规划，孩子能实践地理信息技术，掌握数据分析技能。这不仅能提升他们的空间思维能力，也能锻炼解决实际问题的能力。

学习地理过程中藏着哪些学习方法？

学习地理过程中蕴含丰富的学习方法，因为它综合了空间思维、数据分析、地图解读等技能。学生在学习地理时，不仅要记忆知识，更要学习如何分析和应用这些知识。例如，学习地图能够提升空间定位和导航能力；分析不同地区的气候、地形特征，可以锻炼比较、分类和归纳的技巧；解决实际地理问题则需要整合多维度信息，这样可以增强综合分析和问题解决能力。这些学习方法不仅对地理学科有益，也对其他学科和日常生活具有重要价值。

趣味小贴士

在地图上挑选一个目的地，引导孩子运用地图的比例尺来计算两地间的实际距离，让孩子在乐趣中学习数学和地理知识。

名师点拨

学习地理不仅仅是为了掌握知识，更重要的是培养一系列终身受益的学习方法和思维能力。通过学习地理，学生可以提高自己的空间思维、数据分析等多方面的能力，这些能力在其他学科和未来的职业生涯中都是非常宝贵的。

为什么地理知识能帮人获取财富？

地理知识能帮助人获取财富，因为它涉及到对自然资源的了解、市场分布、物流运输和区域经济发展等多个方面。了解不同地区的资源分布可以帮助人们发现潜在的投资机会，比如矿产资源或农业用地。同时，地理知识还能帮助企业优化物流成本，选择最佳的运输路线和市场入口，提高效率。此外，对不同地区的经济发展趋势有所了解，可以指导投资决策，把握经济发展的脉搏，从而在商业竞争中占据优势。简而言之，地理知识是商业决策和资源管理的重要工具，有助于财富的积累和增长。

趣味小贴士

家长可以带孩子去户外寻宝，寻找各种美丽的石头。这不仅能激发孩子的好奇心，还能让他们在乐趣中学习地理，了解不同地区的石头特色，培养探索世界的兴趣。

名师点拨

地理知识是财富获取的基石，应强调地理知识的实用价值，因为它涵盖了资源分布、市场定位、物流优化和区域经济动态。掌握这些知识有助于人们做出明智的投资和商业决策，从而实现财富增长。

为什么军事家必须学好地理？

军事家必须学好地理，因为地理知识对军事战略和战术的制定与执行至关重要。地理条件如地形地貌、气候、自然资源等会直接影响军事行动能否成功。地形布局会影响军队的机动能力和战术部署，地理环境会决定后勤保障和补给线，同时也会影响侦察与情报收集。此外，地理知识可以帮助军事家了解不同地区的联系和相互作用，为军事行动提供整体视野。军事地理学的研究，包括战术地理学、陆军地理学等，为军事行动提供地理依据。

趣味小贴士

家长可以带孩子去玩真人版 CS，让孩子在游戏中体验地形对战术的影响，在学习地理知识的同时享受亲子互动的乐趣。

名师点拨

地形地貌、气候、自然资源等地理条件会直接影响军事行动的成效。地理学不仅是提供战术部署和后勤保障的依据，还能帮助军事家理解不同地区间的联系和相互作用，为军事行动提供宏观视野。

孩子对地理提不起学习兴趣怎么办？

要激发孩子对地理的兴趣，可以采取以下策略：（1）将地理知识与孩子的兴趣相结合，如通过旅行、游戏或故事介绍地理知识。（2）利用互动式学习工具，比如地图拼图、地理主题的应用程序或在线游戏，让孩子在玩乐中学习。（3）鼓励孩子参与家庭旅行规划，让他们在实际操作中体验地理知识的应用。（4）观看与地理相关的纪录片，增加视觉体验。（5）引导孩子关注日常生活中的地理现象，如天气变化、地形地貌等。这些方法有助于提高孩子对地理学科的兴趣和参与度。

趣味小贴士

可以带孩子去公园、博物馆、自然保护区或历史遗址，让他们亲身体验地理知识。

名师点拨

激发孩子对地理的兴趣，可以将地理知识与孩子的兴趣相结合，如体育、旅行等；还可以利用讨论、竞赛等互动形式；多参与户外活动，让孩子亲身体验地理现象。

现在的地理学科有多重要？

地理学科的重要性不容忽视，它不仅帮助我们理解地球的自然现象和人类活动，而且在环境保护、城市规划、资源管理、灾害预防等领域具有深远影响。地理学的研究涉及空间格局、空间过程、人地相互作用，为国家决策提供重要依据。此外，地理学科促进了跨文化理解和全球合作，是解决可持续发展问题的关键学科。它还有助于培养孩子的环境意识、地理思维能力、国际视野和地理素养，对于孩子的全面发展具有重要意义。

趣味小贴士

家长可以带孩子经常参与环保活动，如河边捡垃圾，既可以学习地理知识又可以实践保护地球。

名师点拨

通过学习地理，使孩子能够认识到人类活动与地理环境之间的相互关系，这对于解决如资源、环境和发展等全球性问题至关重要。家长可以通过参与地理活动，如实地考察或环保项目，进一步激发孩子对地理学科的兴趣和热情。

为什么详细地图是重要机密？

古今中外的详细地图都被视为重要机密，主要是因为它们包含了地理、政治、军事等敏感信息，对国家安全至关重要。这些地图能揭示战略要地、资源分布、人口密度、交通网络和边界线等关键信息，这些信息可能被敌对势力用于军事行动或政治目的。例如，地图上的地形地貌、重要桥梁和隧道的详细数据如果泄露，可能会在战争中被敌方利用，从而影响战略战术部署。因此，各国政府严格控制地图的制作和传播，以保护国家利益。

趣味小贴士

通过游戏或模拟活动，让孩子扮演保护地图数据的角色，以增强他们的保密意识和责任感。

名师点拨

详细地图包含关键地理信息，对国家安全、军事部署和经济活动至关重要。而这些信息一旦泄露就可能导致战略劣势和经济损失，因此被视为重要机密。

探险有助于培养孩子的地理素养吗？

在探险过程中，孩子们可以亲身体验和观察地形地貌、气候特征、植被分布和自然景观，这些直观的体验有助于他们理解地理概念和原理。通过使用地图、指南针进行路线规划和导航，孩子们能够锻炼空间思维和方向感，提高地理实践技能。此外，野外探险还能激发孩子们对自然环境的好奇心和探索欲，增强他们的环境意识和保护意识。这些活动不仅能让孩子们在实践中学习地理知识，还能培养他们的团队合作精神和解决问题的能力，是培养孩子地理素养的有效途径。

趣味小贴士

家长和孩子带上地图和指南针，一起去探索大自然的奥秘，让孩子在实践中学习地理知识，增长见识。

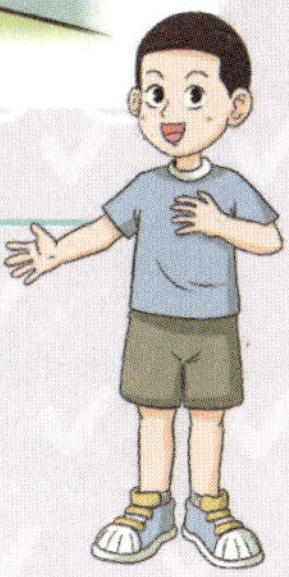

名师点拨

野外探险能引导学生亲身体验，促进主动发展，是地理核心素养培育的关键。通过野外考察，学生能将地理素材与理论知识相结合，提升综合分析和解决问题的能力，从而在实践中深化对地理知识的理解与应用。

孩子对地理课本不感兴趣怎么办?

如果孩子对地理课本不感兴趣，可以尝试以下方法来提高他们的兴趣：首先，将地理知识与孩子的兴趣相结合，例如通过地理主题的游戏、旅行故事或互动地图来吸引他们的注意力。其次，让孩子参与实际的地理活动，如观察天气变化、探索本地自然环境、参与社区的环保项目等，这些活动能够让孩子在实践中体验地理知识的应用。此外，可以引导孩子观看地理相关的纪录片或参加地理知识竞赛，以激发他们对地理的兴趣和好奇心。

趣味小贴士

可以通过送给孩子具有地理特色的礼物来激发他们的兴趣。例如地理探险故事书，让孩子在阅读中了解自然地理和人文知识。

名师点拨

为了激发孩子对地理课本的兴趣，可以将地理知识融入日常生活，如旅行规划、地图寻宝游戏，或通过地理纪录片和互动软件激发兴趣；组织家庭地理知识竞赛，增加互动性；利用地球仪和地图，让孩子亲手探索世界，提高学习兴趣。

学习地理能培养孩子哪些素养？

学习地理不仅能够培养孩子的空间思维、环境意识和全球视野，还能提升他们的综合分析能力。孩子们通过学习地理，能够掌握地球的自然特征和人类活动之间的关系，理解不同地区的文化多样性和经济发展水平。这有助于他们形成对环境的尊重和保护意识，同时增强对不同文化背景的理解和尊重，提高跨文化交流和合作的能力。此外，学习地理还能激发孩子们探索未知世界的兴趣，培养他们的探索精神和创新能力。

趣味小贴士

可以带孩子一起观看世界地理纪录片，让孩子直观地了解不同国家和地区的自然风光、文化习俗和生活方式。

名师点拨

教育者应从教育手段方面点拨，将一个重要知识点细化，从学术层面论证这么做的必要性。很多不起眼的知识背后都隐藏着发展孩子综合素养的奥秘。

如何为孩子提供学习地理的环境？

在家中为孩子营造学习地理的环境，可以通过多种方式实现。首先，可以在家中设置一个地理学习区，配备世界地图、地球仪、地理书籍和杂志。其次，鼓励孩子参与户外活动，如徒步、露营，让他们亲身体验自然环境，增强地理实践能力。此外，利用在线教育资源，如地理学习网站和互动软件，让孩子在趣味中掌握地理知识。家长还可以组织家庭地理知识竞赛，增加学习的趣味性。观看地理纪录片和参与地理相关的电视节目，也是激发孩子兴趣的有效方式。

趣味小贴士

在家里创造一个“旅行记忆地图墙”，将家庭旅游的照片精心贴在相应的地理位置上。

名师点拨

在家中为孩子提供学习地理的环境，结合实际旅行经历，引导孩子观察不同地区的自然景观和文化差异。这种教育手段能激发孩子的好奇心和探索欲，在潜移默化中让孩子学会地理知识。

为什么图文结合思维对地理很重要？

图文结合思维能够将抽象的地理概念和现象以直观、形象的方式展现出来。地图和图表能够展示地理空间关系和数据变化，而文字解释则提供背景信息和深入分析。这种结合不仅有助于学生形成空间思维能力，而且能够更好地记忆和应用地理知识。通过图文结合，学生可以更有效地理解地理事物在空间的分布及其内在联系，这是语言文字难以表达的。此外，图文结合还能够拓展学生的创造性思维，培养学生的地理学科能力。例如，通过地图，学生可以直观地理解地形、气候、水文等地理要素间的相互联系。

趣味小贴士

和孩子做游戏，让孩子通过观察全国地形图，分析自己家所在的海拔高度。

名师点拨

地理学科强调空间思维，图文结合能提升学生对地理信息的解读能力。通过分析地图和图表，学生能更深刻地理解地理分布、变化趋势，从而在实际问题解决中灵活运用地理知识。

孩子缺乏图形记忆力怎么锻炼？

首先，可以利用图形记忆游戏和拼图活动，这些活动能够锻炼孩子的推理能力、耐心和细心，同时通过拼图的过程，孩子可以更好地记忆和识别图形。其次，画面联想法也是一种有效的方法，通过想象将两个图像连接起来，形成一个视觉可以看到的图像，这样可以帮助孩子在回忆一个图像时，自然地联想到下一个图像。视觉化训练也是提升图形记忆力的好方法。此外，使用闪卡练习可以刺激孩子的视觉感官，培养他们的记忆力、观察力、思维力、专注力、语言能力和理解能力。

趣味小贴士

和孩子一起玩图形拼图游戏，能锻炼孩子对图形的记忆能力。成功后给予孩子鼓励和肯定，能让记忆训练变得更加有趣。

名师点拨

图像记忆比文字记忆更高效，能加深理解和记忆。锻炼孩子的图形记忆力，可采用曼陀罗卡片训练法，这种方法通过让孩子观察对称图形，可以激活右脑，增强对图像的记忆能力。

在家中要准备哪些地理教具？

在家中准备地理教具，除了地球仪、世界地图和中国地图外，还可以考虑加入地形图和气候图，以便孩子更全面地了解地球的自然特征。此外，地理知识卡片也是不错的选择，它们包含各种地理知识点，如国家首都、河流、山脉等，便于孩子随时查阅和学习。为了增加互动性和趣味性，可以考虑加入VR地理软件或地理相关的桌游，让孩子在玩乐中学习地理知识，提高学习效率。这些教具的结合使用，能够全方位地提升孩子的地理素养。

趣味小贴士

家长可以指导孩子在中国地图和世界地图上寻找最长的河流、最高的山脉等。

名师点拨

家中准备地理教具，有助于孩子直观学习地理知识，增强空间认知能力。这些教具能将抽象的地理概念具体化，便于学生理解和记忆，是地理学习不可或缺的工具。通过实际操作和观察，学生能更好地掌握地理知识。

如何把地理学习与生活结合起来？

将地理学习与生活紧密结合，可以采取多种方式。首先，通过实地考察自然景观，如山脉、河流、湖泊等，亲身体验地理知识的实际应用。其次，利用地理知识规划日常出行，比如选择最佳路线、了解天气变化等，可以提高生活效率。此外，探索不同地区的文化与地理环境的关系，比如研究当地建筑风格、饮食习惯与地理条件的联系，可以增进对地理多样性的理解。关注环境问题，如气候变化、水资源保护等，也是将地理学习融入生活的重要途径。最后，在旅游规划中考虑地理因素，比如地形、气候、文化特色等，可以使旅行更加丰富和有意义。

趣味小贴士

可以带孩子实地考察，去公园识别植物、观察天气变化等，让学习变得生动有趣，培养孩子地理实践能力。

名师点拨

地理学习与生活相结合，关键在于将抽象的地理知识与孩子的日常经验相联系。例如，通过观察家乡的季风气候，孩子能直观理解季风气候的特点。这种方法不仅增强了孩子对地理知识的理解，而且提升了将理论应用于实际的能力。

经济条件差怎么让孩子学好地理?

即使经济条件有限，孩子依然可以学好地理。首先，可以充分利用公共图书馆的地理书籍和地图，这些资源通常免费且内容丰富。其次，互联网上有大量的免费教育资源和视频，涵盖各种地理知识，家长可以帮助孩子筛选和利用这些资源。此外，鼓励孩子参与学校的地理兴趣小组或课外活动，与同学共同探讨和学习。在日常生活中，可以通过观察天气变化、识别星座、了解本地的自然环境和文化特色来学习地理。家长也可以通过讲故事的方式，将地理知识融入孩子的日常生活中，激发他们的学习兴趣。

趣味小贴士

家长可以带孩子去户外，让他们亲身体验不同的地理环境；观察不同季节的变化，了解气候和地理的关系。

名师点拨

家长可以利用免费资源，如图书馆和网络，激发孩子对地理的兴趣。通过实际案例教学，如气候变化对不同地区的影响，让孩子理解地理知识的实际应用，从而增强学习动力。

如何记住纷繁复杂的地理术语？

要高效记忆复杂的地理术语，可以采取以下策略：首先，运用联想记忆法，将地理术语与生动的图像或故事相联系，增强记忆点。其次，利用闪卡进行反复练习，通过视觉和听觉的双重刺激加深印象。再次，制作思维导图，将相关地理术语以逻辑关系组织，形成知识网络。此外，定期复习是巩固记忆的关键。最后，将地理术语应用于实践，如在地图上标注或讨论地理现象，通过实际操作加深理解。

趣味小贴士

将地理术语编成歌曲，这样在轻松愉快的氛围中更容易记住。

名师点拨

采用分类记忆法，将地理术语按自然、人文等类别划分，有助于构建知识体系，提高记忆效率。这种方法符合认知心理学中的信息加工理论，通过分类减少认知负荷，促进长期记忆。

如何利用新闻事件学习地理知识？

要想有效利用新闻事件学习地理知识，首先应关注全球新闻，特别是那些涉及特定地区政治、经济或自然灾害的报道。其次，借助地图工具，将新闻事件与地理位置相对应，以加深对事件发生地的地理环境的理解。再次，深入探究事件背后的地理背景，如地形、气候、资源分布等，以理解其对事件的影响。最后，将这些地理知识与新闻事件整合，形成系统的理解，从而提升地理学习的效果。

趣味小贴士

让孩子经常看新闻，引导孩子关注新闻中的地理位置，并讨论事件背后的地理因素。

名师点拨

利用新闻事件学习地理知识，能够将抽象的地理理论与实际的社会现象相结合，从而提高孩子的学习兴趣和实践能力。将新闻事件融入地理学习不仅是教学方法的创新，也是提升孩子地理学科核心素养的有效途径。

哪些爱好跟地理知识相关？

与地理知识相关的爱好丰富多彩，如旅行可以让你亲身体验不同地区的自然风光和文化特色；摄影则能记录下地理景观的多样性；徒步探险能让你深入自然，感受地形、地貌的变化；地图绘制能锻炼空间思维，加深对地理分布的理解；观鸟活动能让你了解不同鸟类的栖息地和迁徙路径；地质学研究能揭示地球的物质组成和演变历程；天文观测则与地理学中的天体地理部分紧密相连。这些爱好不仅丰富了个人生活，还能在实践中加深对地理知识的理解和应用。

趣味小贴士

家长可鼓励孩子多多参与一些活动，如观星、徒步、摄影、地图制作、旅行等与地理知识相关的活动。

名师点拨

观星、地图制作、徒步旅行、摄影和实地考察等活动能够将地理学的重要知识点如地形地貌、气候类型、自然资源分布等与实践相结合，让学生在亲身体验中深化理解；激发学生的学习兴趣，调动他们对地理学科的热情。

为什么天文知识也属于地理范畴?

首先，地球的季节变化、时间计算、气候模式等都受到太阳、月亮和其他天体运动的影响。例如，太阳的位置变化导致了季节的交替，而月亮的引力则影响着地球上的潮汐现象。此外，天文学与地理学的联系还体现在导航和历法编制上，古代人类就是通过观察天体的位置来确定方向和时间的。其次，天文现象如日食、月食、流星雨等，都是地球与天体相对位置变化的结果，对这些现象的观测和研究有助于我们理解地球在宇宙中的位置和运动。因此，天文学是地理学的一个重要分支，它能帮助我们更全面地理解地球及其环境。

趣味小贴士

家长可以带孩子使用天文望远镜探索浩瀚星空，这样不仅能激发孩子对天文和地理的兴趣，还能增进亲子间的互动。

名师点拨

地理学研究对象包括地球表层及其大气圈、水圈等，而天文学探索宇宙中的天体和现象，两者共同构成了人类对地球及宇宙环境的整体认识。将天文知识融入地理教学，有助于学生建立宇宙观和地球环境观。

为什么说地理是以人为本的学科？

地理学以人为本，因为它深入探讨人类与自然环境之间的相互作用和依存关系。这门学科不仅分析山脉、河流、气候等自然地理要素，还关注人口分布、城市发展、经济活动、文化差异等社会现象。地理学通过研究人类如何适应、塑造和受到地理环境的影响，帮助我们理解人类行为对地球的长远影响。此外，它还提供了关于如何实现资源的可持续利用和环境保护的见解，这些都是关乎人类福祉和未来发展的关键问题。因此，地理学是一门结合自然与人文，以人的需求和活动为核心的综合性学科。

趣味小贴士

家长可以引导孩子探讨不同地区的地理特征如何影响当地经济，让孩子在讨论中增长见识。

名师点拨

地理学不仅研究地球的自然性，还研究它的社会性和经济性，充分体现了地理学综合性的特点。因此，地理学从建立之初就强调自然科学和人文科学的交叉，关注人类如何与自然环境互动，以及这种互动如何影响和被环境影响。

提升生物素养

生物篇

如何激发孩子学习生物的兴趣？

激发孩子学习生物的兴趣，首先，可以联系实际生活，展示生物学知识在日常生活中的应用；也可以利用视频、动画等多媒体工具，使复杂的生物学概念更加生动易懂；还可以组织户外教学活动，让孩子们亲身体验自然界的奇妙。

再次，可以将生物学与其他学科如化学、物理学等结合起来，展示知识的综合应用。还可以与孩子讨论遗传学、克隆等伦理和道德议题，讨论气候变化、生物多样性等全球性问题，激发孩子们的思考和兴趣。

趣味小贴士

生物学在我们的日常生活中无处不在，从食物到健康，从宠物到公园里的植物，生物学都是不可或缺的。

名师点拨

生物学是探索生命和自然界的钥匙，激发孩子学习生物学的兴趣是开启他们探索生命奥秘之门的关键。

学习生物能提高孩子哪些素养？

学习生物能提高孩子的科学探究能力。生物学教育鼓励孩子提出问题、进行实验和寻找答案，培养他们的科学探究精神和方法论。

学习生物能培养孩子的批判性思维。通过学习生物学，孩子学会分析和评估科学信息，形成批判性思维。

学习生物能培养孩子的环境意识。生物学帮助孩子理解生态系统的复杂性，增强他们对环境保护的意识。

学习生物能培养孩子的健康意识。生物学知识有助于孩子了解人体结构和功能，培养健康的生活方式。

趣味小贴士

通过将生物学与孩子们的日常生活和兴趣联系起来，我们可以激发他们对这门学科的好奇心和热情。

名师点拨

生物学在教育中占有举足轻重的地位。通过学习生物学，孩子们不仅能够获得知识，还能培养一系列对未来至关重要的素养。

生物科技在当下处于什么地位？

生物科技在当下正处于快速发展和应用的阶段。生物科技不仅推动了科学技术的进步，还在全球经济和社会发展中扮演着关键角色。以下是生物科技当前地位的几个关键点：

（1）创新驱动发展。生物科技的发展推动了多个领域的技术革新，为治疗疾病、改善农作物特性以及环境保护提供了新的解决方案。

（2）医疗健康领域的应用。生物科技在医疗健康领域的地位尤为突出，还在药物设计、临床诊断、生物信息、医疗大数据等方面发挥着重要作用。

（3）农业领域的应用。生物科技在农业领域也占有重要地位，推动了现代生态农业的发展。

趣味小贴士

从医疗健康到农业食品，从环境保护到能源开发，生物科技都是举足轻重的。

名师点拨

生物科技是推动社会进步和经济发展的关键力量。掌握生物科技，就能开启解决全球性问题如粮食安全、健康危机、能源和环境问题的大门。

我国的生物科技处于什么水平？

我国的生物科技处于快速发展和国际领先地位。在基因编辑技术领域，中国科学院遗传与发育生物学研究团队在植物基因组工程领域发表的论文具有里程碑意义，实现了大片段DNA精准定点插入。我国在生命科学领域也取得了一系列重大科技成果，如实现了从二氧化碳到淀粉的人工全合成，这将在下一代生物制造和农业生产中带来变革性影响。

我国发布了“十四五”生物经济发展规划，强调发展全基因组选择、系统生物学、合成生物学、人工智能等生物育种技术，着力提升良种培育、生产加工、推广应用等能力。

趣味小贴士

据权威统计，中国生物技术行业市场规模在 2022 年就已经达到了 1.6 万亿元人民币，显示出快速发展的趋势。

名师点拨

尽管取得了显著进展，中国生物科技发展仍面临挑战，包括原始研发和产业创新能力不高，生物产业核心技术、部件、中高端设备和材料严重依赖国外进口等问题。

为什么生物看似简单实际难学？

生物学是探索生命和自然界的科学，生物学看似简单，但实际上它是一门复杂且深奥的学科。

首先，生物体从细胞到生态系统层面都极为复杂，涉及大量的细节和专业术语，孩子需要记忆和理解大量的信息。其次，生物学是一个快速发展的领域，新发现和理论层出不穷，孩子需要不断更新知识以跟上最新的科学进展。再次，孩子不仅要学习理论知识，还要将这些知识应用于实际问题中，这需要较强的实践操作能力和问题解决能力。

趣味小贴士

生物学中有许多抽象的概念，如遗传学、分子生物学和生态学原理，这些概念需要较强的抽象思维能力才能理解。

名师点拨

生物学强调实验和观察，孩子需要掌握一系列复杂的实验技能和操作技能。

孩子记忆力差怎么学好生物？

孩子如果记忆力较差，学好生物学可能会面临一些挑战，可以采取一些特定的策略和方法。

（1）系统性学习：帮助孩子建立生物学的基本概念和原理，再逐步深入到更复杂的主题，形成系统性的知识结构；通过定期复习巩固知识，同时帮助他们将新知识与旧知识联系起来。

（2）图片记忆：使用图表、图片和模型等视觉辅助工具，帮助孩子将抽象的生物学概念具体化；鼓励孩子制作思维导图；通过显微镜观察细胞等简单的生物实验，让孩子亲身体验生物学知识。

趣味小贴士

记忆力差的孩子也能学好生物学，关键在于采用合适的学习方法和策略。

名师点拨

如果孩子的记忆力问题严重影响了学习，可以考虑寻求专业的教育心理学家或学习顾问的帮助。

如何循序渐进学习生物？

学习生物学是一个系统的过程，需要从基础知识开始，逐步深入到更复杂的主题。此过程包括：从生物学的基本概念开始，如细胞结构、生物分类等；学习生命的化学基础，包括蛋白质、核酸、碳水化合物等生物大分子的结构和功能；深入了解细胞的组成部分，如细胞器、细胞周期和细胞分裂过程；研究遗传规律、DNA复制、基因表达以及生物进化的基本原理；理解生态系统的组成、能量流动和物质循环，以及环境对生物的影响。

趣味小贴士

将生物学与化学、物理学、数学等其他学科结合起来，可以获得更全面的理解。

名师点拨

学好生物要先逐步建立起坚实的生物学基础，并在此基础上深入探索更复杂的生物学领域，重要的是保持好奇心和学习的热情。

为什么说厨房是生动的生物课堂？

厨房被称为生动的生物课堂，主要是因为它提供了丰富的生物学学习机会和实践体验。通过观察和处理厨房中的各种食材，孩子可以学习到植物和动物的基本生物学知识，包括生长、繁殖和营养成分等，还可以学习到食物链、生态平衡和可持续发展的概念。在厨房中，孩子可以观察到微生物的作用，比如发酵过程（如制作酸奶、面包）和食物腐败，可以了解细菌、酵母等微生物的生物学特性和生态作用。

趣味小贴士

厨房里的每一个角落都蕴含着生物学的奥秘。

名师点拨

厨房是探索生命和自然界的微观实验室。通过在厨房中的实践活动，能够激发孩子对生物学的兴趣和探索精神。

如何让孩子学习微生物知识？

微生物是一类个体微小、结构简单、肉眼难以直接观察到的生物群体。它们在自然界中无处不在，种类繁多，包括细菌、真菌、原生生物、病毒等。在家中学习微生物知识，可以有以下方法：

食品腐败：探讨食物为何会变质，了解微生物在食品保存中的作用。

消毒与清洁：让孩子参与家庭清洁和消毒工作，了解消毒剂如何杀灭微生物。

霉菌观察：观察食物上的霉菌，讨论霉菌的生长条件和控制方法。

发酵食品：探索家中常见的发酵食品，如泡菜、酒等，了解其中的微生物作用。

趣味小贴士

孩子可以通过“细菌手印”实验，了解手上细菌的数量和洗手的重要性，从而培养良好的卫生习惯。

名师点拨

微生物世界是神秘而奇妙的，孩子不仅能在家学习到微生物的基础知识，还能在实践中培养科学探究能力和批判性思维。

如何让孩子学会使用显微镜？

让孩子学会使用显微镜，首先，要向孩子介绍显微镜的基本构造和工作原理，包括光源、物镜、目镜等部件的功能。接下来，演示如何正确安装显微镜，包括光源的调整和物镜的对焦，并展示如何准备载玻片样本，包括样本的采集、染色和封片。

而后，指导孩子如何调整粗调和细调焦旋钮，找到清晰的图像；教会孩子如何更换物镜，观察不同放大倍数下的样本；教授孩子如何观察样本，包括光线调整、眼睛的放置位置等；鼓励孩子记录观察结果，培养他们的科学记录习惯。

趣味小贴士

显微镜是一个强大的工具，它可以帮助我们观察到肉眼看不见的生物结构，让我们更深入地了解生物学。

名师点拨

显微镜的发明可以追溯到 17 世纪。掌握显微镜的使用技能，就能开启探索微观世界的大门，这对于孩子们在生物学领域的学习和未来的科学探索都至关重要。

孩子在城市如何接触更多动植物？

在城市里，可以定期带孩子去城市公园、植物园和动物园，观察不同的植物和动物，了解它们的特征和习性；也可以参与社区花园的种植活动，参观城市农场，让孩子了解现代城市农业，亲手种植植物，观察植物生长的过程；可以在家中种植植物、饲养宠物，让孩子学习动植物的护理和习性；也可以带孩子去自然博物馆和科技馆，通过展览和互动项目学习动植物知识；利用科技手段，如虚拟现实（VR），让孩子体验不同的自然生态环境。

趣味小贴士

尽管城市环境与自然环境有所不同，但城市中仍然存在丰富的生物多样性。

名师点拨

让孩子在城市生活中接触更多的动植物，不仅能够丰富他们的生活体验，还能在多方面促进他们的全面发展。家庭一起参与动植物相关的活动可以增进亲子关系，提供共同学习和探索的机会。

孩子害怕接触动物怎么办？

孩子害怕接触动物是一种常见的现象，可能缘于对未知的恐惧或是过去不愉快的经历。

首先，要倾听孩子对动物的恐惧感，给予理解和同情，不要强迫他们接触动物。可以让孩子先从远处观察动物，根据孩子的舒适度，慢慢缩短与动物接触的距离，增加接触时间和频率。

让孩子接触动物，可以选择一些性格温驯、体型较小的动物，如兔子、豚鼠或金鱼，让孩子先从它们开始接触。要确保孩子与动物的互动是积极的，避免任何可能引起恐惧的负面经历。

趣味小贴士

通过正确的引导和逐步的接触，孩子可以克服恐惧，学会尊重和爱护动物。

名师点拨

克服对动物的恐惧是孩子成长过程中的重要一步，这不仅能帮助他们建立自信，还能让他们学会如何与自然界的生物和谐相处。

为什么学习生物也需要抽象思维？

学习生物需要抽象思维，原因如下：理解生态系统中不同生物和非生物因素如何相互作用，需要抽象思维去把握整体和部分的关系；学习细胞和分子层面的知识，如DNA复制和蛋白质合成，需要孩子将抽象的化学过程与生物学功能联系起来；理解遗传信息的传递和表达，需要孩子掌握基因和遗传的抽象概念；理解物种如何随时间演化，需要孩子运用抽象思维去理解自然选择和适应性的概念；理解气候变化对生物多样性的影响，需要孩子运用抽象思维去理解全球变化和局部生态的关系。

趣味小贴士

生物学不仅仅是观察和实验，它还包括了许多需要我们运用抽象思维去理解的概念。

名师点拨

学习生物学需要孩子将具体的事物与抽象的概念联系起来，通过抽象思维去探索生命的复杂性和多样性。

如何为孩子挑选生物相关的图书？

为孩子挑选与生物相关的图书，第一，要选择适合孩子年龄和阅读水平的图书，以确保内容既不会过于简单也不会太难理解。第二，要挑选那些由专业生物学家或科学家撰写或审校的图书，以确保提供的信息是准确和权威的。第三，要了解孩子的兴趣点，选择与他们兴趣相关的生物图书，如恐龙、昆虫、海洋生物等。第四，选择那些图文并茂、有丰富插画和照片的图书，以帮助孩子们更直观地理解生物知识。第五，挑选那些包含互动元素的图书，如问答、实验、游戏等，以增加孩子的参与感和学习兴趣。

趣味小贴士

为孩子挑选合适的生物相关图书，可以有效激发他们对生物学的兴趣。

名师点拨

选择适合孩子年龄和认知水平的生物图书，可以更直观地帮助他们理解生物学的概念，培养对自然科学的热爱。

在家中能准备哪些生物教具？

生物教具可以帮助孩子更直观地理解生物学概念，在家中可以给孩子准备一些生物教具，让孩子进行实验和观察，以加深他们对生物学的理解。

细胞结构图：展示细胞的各个组成部分，帮助孩子理解细胞的功能和结构。

显微镜和实验工具：让孩子观察微观世界，如植物细胞、细菌等样本。

生物标本：干燥或封存的植物、昆虫标本，用于观察和学习生物多样性。

生态瓶：微型生态系统，让孩子观察生态系统中生物和非生物因素的相互作用。

趣味小贴士

生物教具可以鼓励孩子提出问题、进行实验和寻找答案，培养他们的科学探究能力。

名师点拨

家中的生物教具可以提供额外的学习资源，在家中准备生物教具是一种有效的教育手段，可以多方面促进孩子的学习和成长。

如何帮助孩子建立系统性思维？

帮助孩子建立系统性思维，需要：

（1）教授基本概念。教授孩子生物学的基本概念和原理，为他们建立起一个坚实的知识基础。

（2）跨概念连接。鼓励孩子探索不同生物学概念之间的联系，如细胞结构与生物功能之间的关系。

（3）使用思维导图。使用思维导图等视觉化工具帮助孩子整合和组织知识，形成系统性的知识结构。

（4）定期复习和总结。定期复习和总结所学知识，帮助孩子巩固记忆并看到知识之间的联系。

趣味小贴士

系统是动态变化的，系统性思维关注随时间变化的系统行为和模式。掌握系统性思维的孩子更有竞争力。

名师点拨

系统性思维在多个领域都有应用，是一种重要的认知工具。系统性思维将事物视为一个整体，而不是孤立的部分，强调整体大于部分之和。

如何为孩子科普青春期相关知识？

青春期伴随着情绪波动和心理压力，正确的知识可以帮助孩子理解这些情绪并学会管理。为孩子科普青春期相关知识，可以进行专题讲座，邀请专业人士为孩子讲解青春期的生理和心理变化，包括身体发育、情绪变化等；提供适合孩子阅读的科普书籍和手册或视频与动画，让他们能够自主学习青春期的知识；鼓励孩子们提出自己的疑问，并在安全、支持的环境中进行讨论；提供必要的性教育，包括生殖健康、避孕知识以及性传播疾病的预防。

趣味小贴士

正确理解青春期的变化可以帮助孩子建立自信，减少因身体变化引起的尴尬和不安。

名师点拨

青春期教育不仅涉及生理和性教育，还包括情感、社交和认知发展，有助于孩子的全面发展。

学生物利于摆脱青春期困扰吗？

通过学习生物学，孩子可以更好地理解青春期身体的变化，包括生殖系统的结构和功能，从而科学地认识自己身体的变化，减少困惑和恐慌。

生物学教学可以渗透心理健康教育，帮助学生掌握调控自我、发展自我的方法与能力，这对于他们的健康成长至关重要。

通过学习生物学中关于神经系统和内分泌系统的知识，孩子可以更好地理解情绪波动并学会管理。

生物学知识强调健康生活方式的重要性，包括合理饮食、适量运动等，有助于孩子在青春期保持健康。

趣味小贴士

生物学也能帮助孩子们理解自己身体的变化，包括青春期的成长过程。

名师点拨

生物学是探索生命和自然界的钥匙，也是孩子们理解自己、克服青春期困扰的重要工具，学习生物学能帮助孩子们健康、自信地成长。

《本草纲目》能帮孩子学生物吗？

《本草纲目》详细介绍了各种植物的分类、形态和生长环境，有助于孩子学习植物学知识。通过观察草药的形态特征，可以培养孩子对自然界生物的观察和描述能力。书中对草药的药用价值进行了详细阐述，孩子可以通过阅读了解植物与人类健康的联系。

通过阅读《本草纲目》，孩子可以了解科学知识的发展历史，激发对科学探索的兴趣。《本草纲目》中的信息需要结合现代科学知识进行分析，有助于培养孩子的批判性思维。

趣味小贴士

《本草纲目》是中国古代药物学的集大成之作，它详细记载了各种植物、动物和矿物的药用价值，对学习生物学有着重要的参考价值。

名师点拨

《本草纲目》中的一些内容需要结合现代医学知识来理解和应用，因为部分理论和实践可能与现代科学有所出入，阅读时应以批判性思维来分析和吸收书中的知识。

死记硬背生物知识能有好成绩吗？

死记硬背可能在短期内有所帮助，但从长远来看，理解、分析和应用知识才是获得好成绩的关键。

生物学涉及许多复杂的概念和原理，仅靠死记硬背难以真正理解这些概念的深层含义。生物学考试和实际应用中常常需要解决复杂问题，这需要批判性思维和分析能力，而非简单的记忆。死记硬背的学生可能难以将理论知识应用于实际情境，如实验设计和数据分析。生物学强调实验和探究，死记硬背无法培养学生进行科学实验和研究所需的技能。通过理解学习的知识更容易长期记忆，而死记硬背的信息往往容易遗忘。

趣味小贴士

生物学不仅仅是记忆知识，它更是一门需要理解、分析和应用的科学。

名师点拨

想要在生物学中取得好成绩，重要的是理解概念，培养批判性思维、跨学科整合能力以及创新思维，而不是死记硬背。

生物知识多，孩子压力大怎么办？

面对生物学繁多的知识点和孩子压力大的问题，可以采取以下策略来帮助他们应对和减轻压力。

（1）制订学习计划：帮助孩子制订合理的学习计划，将学习任务分解成小块，逐步完成，避免一次性承受过多的学习负担。

（2）强调理解而非死记硬背：鼓励孩子通过理解概念和原理来学习，提高学习效率并减少记忆负担。

（3）采用多样化学习方法：利用视频、图表、模型和实验等多种学习工具和方法，使学习过程更加有趣和有效。

（4）时间管理：教会孩子如何合理安排学习时间，以确保孩子有足够的休息和放松时间。

趣味小贴士

合适的学习方法和心态调整可以达到事半功倍的效果。

名师点拨

通过合理的学习计划和合作学习，孩子们可以减轻学习压力，提高学习效率。在教育中，培养孩子们应对压力的能力具有重要意义。

如何培养孩子的实验操作能力？

培养孩子的生物实验操作能力是非常重要的，以下是一些有效的方法。

（1）鼓励亲自动手，锻炼操作能力：在孩子掌握基本操作后，让他们根据兴趣选择实验题目，参与从资料查阅到实验报告的全过程，激发他们的学习兴趣，培养创新能力和解决问题的能力。

（2）加强操作示范，强化技能练习：教师的示范和讲解要注意操作的准确性和速度，并引导孩子注意观察现象，并为他们提供充分的动手机会，以提高孩子的操作技能。

（3）调动学习动机，理解操作过程：创设问题情境，激发孩子的求知欲望，使他们产生积极参与实验的愿望。同时，帮助孩子理解实验的动手操作过程。

趣味小贴士

生物实验首先要教育孩子实验室的基本安全规则，包括穿戴适当的防护装备和紧急情况应对。

名师点拨

要培养孩子的实验操作能力，就要鼓励孩子撰写实验报告，反思实验过程，总结学到的知识和技能；鼓励孩子在实验中发挥创新思维，尝试改进实验方法或设计新的实验。

孩子生物实验探究能力弱怎么办？

针对孩子生物实验探究能力弱的问题，以下是一些有效的培养策略。

（1）优化探究教学，激发兴趣：在授课环节营造轻松愉快的学习氛围，调动孩子的实践探究热情，让孩子主动参与实践活动。

（2）设计与实施实验：通过设计和实施生物实验，孩子将学会观察生物现象、提出假设、设计实验方案、收集数据、分析结果并得出结论。

（3）促进科学思维和创新意识的培养：可以通过引导孩子分析生物现象、探究生态环境和研究生物技术等方式，培养孩子的科学思维和创新意识。

趣味小贴士

生物实验探究能力不是一蹴而就的，它需要时间和实践来逐步培养和发展。

名师点拨

培养孩子的生物实验探究能力，应该将复杂的实验过程分解成简单的步骤，逐步引导孩子进行操作；要鼓励孩子提出问题，并引导他们通过实验来寻找答案；鼓励孩子在实验中发挥创新思维，尝试改进实验方法或设计新的实验。

提升政治素养

道法篇

为什么道法学习更依赖家校共育？

道德与法治学习是塑造孩子正确价值观和行为准则的基础，它帮助孩子们理解社会规范，培养他们的法律意识和社会责任感。通过道德与法治教育，孩子们学会如何在社会中和谐相处，成为遵守法律、尊重他人、具有道德判断力的公民。

家庭和学校在道德与法治教育中各有侧重。家庭是孩子的第一个课堂，家长的价值观、行为习惯和教育方式对孩子的道德观念和法治意识有着潜移默化的作用；学校提供了系统的道德与法治课程，通过专业的教学和实践活动，帮助孩子形成正确的道德判断和法律知识。

趣味小贴士

道德与法治学习不仅仅是书本上的知识，更是我们日常生活中的一部分。

名师点拨

道德与法治教育不仅关系到个人的发展，也关系到社会的和谐与进步。家校共育能够为孩子提供一个更加坚实的道德与法治基础，帮助他们成为社会的有用之才。

家里没人熟悉相关道法知识怎么办？

以下是一些建议和方法，可以帮助家庭在缺乏专业背景的情况下，依然能够为孩子提供良好的道德与法治教育：

（1）利用图书馆、在线课程和教育平台，获取道德与法治的教育资源；参与社区活动，如法律讲座和道德教育活动，与孩子一起学习。

（2）在日常生活中，家长可以通过自己的行为示范，教育孩子遵守规则和尊重他人；与孩子一起讨论新闻事件和日常生活中的道德困境，引导孩子进行道德思考；组织或参与模拟法庭等活动，让孩子在实践中学习法律知识。

趣味小贴士

道德与法治教育也可以通过家庭的日常活动和社区的参与来实现。

名师点拨

通过家庭和社区的共同努力，即使在缺乏专业背景的情况下，也能为孩子提供一个坚实的道德与法治教育基础，帮助他们成为负责任的公民。

为什么说道法学科是公民必修课？

道德与法治学科是培养公民意识和社会责任感的重要课程，它对个人成长和社会稳定都具有深远的影响。

道德与法治学科能帮助孩子理解社会规范和法律，培养他们的道德判断力和法律意识。这不仅关系到个人的成长，也是社会和谐与进步的基石。道德与法治学科也能教授孩子正确的价值观，帮助他们区分对错，形成良好的道德观念。通过学习法律知识，孩子能够理解法律的重要性，学会遵守法律，成为守法的公民。道德与法治教育强调个人对社会的责任，培养孩子的社会责任感和集体意识。

趣味小贴士

道德与法治学科就像社会的指南针，帮助我们找到正确的方向。

名师点拨

道德与法治学科是培养合格公民的基础，通过这门课程的学习，我们可以帮助孩子建立起正确的世界观、人生观和价值观，为他们的未来打下坚实的基础。

孩子认为道法知识枯燥怎么办？

道德与法治知识是一种关于社会行为规范和法律基础的教育，对于孩子来说，这些知识可能显得抽象和枯燥。为了让孩子对道德与法治知识产生兴趣，可以采取以下方法：

（1）可以通过生动的故事和案例给孩子引入道德与法治的概念，如使用故事书、视频或角色扮演等，让孩子理解道德与法治是如何规范我们的行为和维护社会秩序的。

（2）设计一些与道德和法治相关的活动，比如“模拟法庭”，让孩子扮演法官、律师和被告等角色，通过实际操作加深对道德与法治的理解。

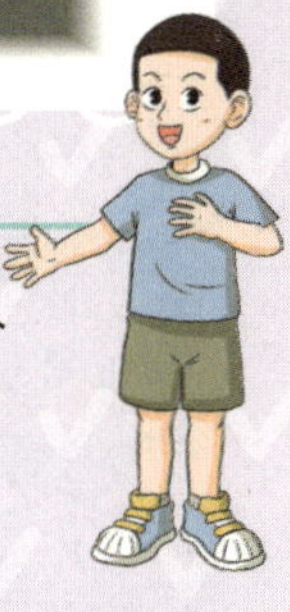

趣味小贴士

道德与法治知识就像一盏明灯，让我们可以更好地融入社会。

名师点拨

道德与法治知识是社会中每个人都必须了解和遵守的基本准则，通过实际操作和应用，孩子可以更快地掌握这一重要的社会知识。

如何培养孩子的道德与法治意识？

道德与法治意识是孩子成长为负责任公民的重要基石。培养孩子的道德与法治意识首先要通过生动的故事和实例给孩子引入道德与法治的概念，如使用绘本、动画或现实生活中的例子等，让孩子理解道德与法治是如何指导我们的行为和维护社会秩序的。

可以通过家庭规则、学校纪律等来解释道德与法治的应用，并设计一些与道德与法治相关的活动，比如“角色扮演”，让孩子在模拟情境中体验不同角色的道德选择和法律后果，通过实际操作加深对道德与法治的理解。

趣味小贴士

通过节日、纪念日等文化活动，可以传承和弘扬民族的道德和法治传统。

名师点拨

在家庭和学校中建立明确的规则和纪律，让孩子了解规则的重要性和违反规则的后果。通过公正的奖惩制度，让孩子学会承担责任和接受后果。

如何把道法知识与生活联系起来？

道德与法治（道法）知识与生活紧密相关，引导孩子将道法知识与生活联系起来，在熟悉的生活情境中学习道法知识，这样孩子更容易产生情感共鸣，对道法知识的理解也就更准确。

（1）可以把孩子放在现实的社会、生活和道德情境中，让孩子从书本走进生活，在生活中体验道德典范、道德判断标准、法治理念。

（2）开展多样化的教学活动，如情境教育、多媒体技术应用等，让孩子们对身边的某一现状进行调查、思考分析，然后再带入课堂中与同学们分享、交流。

趣味小贴士

道德与法治知识就像生活中的红绿灯，告诉我们什么时候该停、什么时候该行。

名师点拨

道德与法治知识是帮助我们在社会中做出正确选择的重要工具。

为什么道法知识能让思维更严谨？

道德与法治（道法）知识是培养孩子思维严谨性的重要途径，原因如下：

（1）道法知识中包含了许多关于权利、义务、责任和后果的概念，这些都需要孩子通过逻辑推理来理解和应用。

（2）学习道法知识时，孩子需要分析不同的道德困境和法律案例，这要求他们从多个角度审视问题，综合考虑各种因素，发展批判性思维。

（3）通过学习法律的公正性和道德的客观性，有助于他们形成严谨的思维习惯。

（4）道法知识不仅涉及理性分析，还涉及情感考量，这对于形成全面严谨的思维非常有帮助。

趣味小贴士

每个决策都有它自己的逻辑，通过学习道法，我们可以更加严谨地思考问题。

名师点拨

通过有趣的活动和实际应用，我们可以帮助孩子快速学会并喜欢上道德与法治，从而培养孩子更加严谨的思维习惯。

家长表率是孩子学好道法的关键吗？

家庭是孩子的第一个社会环境，家长是孩子最信任的人之一，家长的行为和教导对孩子来说具有很高的权威性，孩子更倾向于模仿和遵循家长的行为标准，家长的言行直接影响孩子的道德观和法治观的形成。

家长的一致性行为能够为孩子提供清晰的道德和法治标准，帮助孩子建立起稳定的价值观。家长通过自己的行为展示如何应对复杂的道德和法律问题，为孩子提供了处理这些问题的参考。家长的表率作用可以强化学校和社会的道德与法治教育，使孩子在不同环境中都能得到一致的道德和法治指导。

趣味小贴士

家长的表率就像一面镜子，孩子通过观察家长的行为来学习与践行道德与法治。

名师点拨

家长的表率作用是孩子学习道德与法治不可或缺的一部分，家长的行为、态度和价值观对孩子的道德和法治意识有着深远的影响。

如何在家中营造学习道法的氛围？

在家中营造学习道德与法治（道法）的氛围，可以通过以下几个方面来实现：

（1）定期举行家庭会议，讨论道德和法治相关的话题，比如新闻事件、社会问题等，鼓励孩子发表自己的见解。

（2）家长应该通过自己的行为来展示道德与法治的重要性，比如遵守交通规则、诚实守信等。

（3）选择一些有教育意义的电影、纪录片或电视节目，与孩子一起观看并讨论其中的道德和法律问题。

（4）对孩子在道德与法治方面的良好表现给予正面的激励和反馈，强化他们的正向行为。

趣味小贴士

家庭是学习道德与法治的第一课堂，每个家庭成员的行为都是孩子学习的榜样。

名师点拨

家长也应该不断学习和提升自己的道德与法治知识，以便更好地指导孩子。在家庭中营造一个尊重和倾听的氛围，让孩子感到他们的观点和感受被重视。

填鸭式教育适用于道法课吗？

填鸭式教育不适用于道法课的原因主要包括以下几点：

（1）忽视孩子的主体性。填鸭式教育以教师为主导，孩子被动学习，这与道法课强调的孩子主体性相违背。道法课需要孩子主动参与、体验和探究。

（2）缺乏互动和实践。填鸭式教育重知识传授、轻孩子体验，这导致教学内容无法真正触动孩子内心，难以达成培育核心素养的目标。

（3）忽略情感和价值观的培养。道法课肩负着培养孩子正确的人生观和价值观的任务，而填鸭式教育往往忽视情感教育和价值观的培养，这与道法课的育人功能不符。

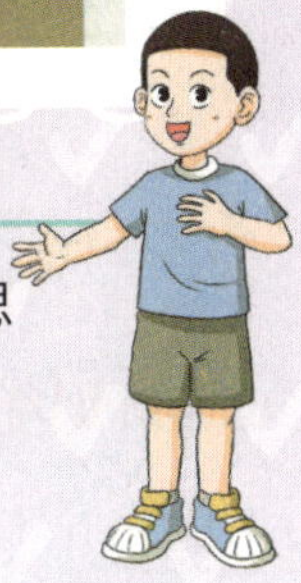

趣味小贴士

道法课涉及的问题往往复杂且多变，需要学生具备独立思考和解决问题的能力。

名师点拨

道法课的教学应更加注重孩子的主体性、情感体验和实践能力的培养，以实现立德树人的教育目标。

为什么说学习道法是学习为人处世？

（1）道法教育强调个人在社会中的角色和责任，学习道法有助于孩子理解作为社会成员应承担的责任，这是为人处世的基础。

（2）道法课程教授基本的道德原则和法律规范，这些是人们在社会中做出正确决策和行为的指南，对于塑造个人的价值观至关重要。

（3）通过学习道法，孩子可以学会如何尊重他人、解决冲突和建立良好的人际关系，这些都是为人处世的重要技能。

（4）学习道法有助于孩子发展道德判断力，能够在面对道德困境时做出合理的选择，这是为人处世的关键能力。

趣味小贴士

道法课程还包括对文化传统和多元文化的了解，这有助于孩子在全球化背景下更好地与不同背景的人相处。

名师点拨

学习道法不仅是学习一套规则和知识，更是学习如何在社会中作为一个负责任、有道德、守法律的成员生活和交往的过程。

孩子觉得学校道法课时不够怎么办？

当孩子觉得学校的道法课时不够时，可以采取以下措施来补充和加强道法教育：

（1）充分利用现代信息技术辅助教学。挖掘现实生活中的教育资源，利用信息技术建立互动交流平台，形成家校合作的局面。

（2）形成学校、家庭和社会三维学科核心素养教育模式。

构建大思政课体系，提高课程思政水平，充分发挥道德与法治（思想政治）课的主阵地作用，深入挖掘语文、历史和其他学科蕴含的思政资源。

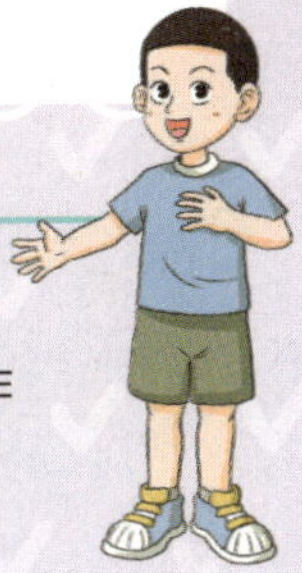

趣味小贴士

家长不应机械地采取书面考试的评价，而应丰富、务实、完善评价体系，根据自己孩子的情况科学制定有效并善于操作的评价体制，以鼓励孩子学习。

名师点拨

道德与法治的学习要点在学以致用，如果不能抓住这一核心，只靠机械记忆，那么课时累积得再多也收效甚微。

主动预习对学好道法有多重要？

主动预习对学好道德与法治（道法）课非常重要，原因包括：

（1）预习可以帮助孩子提前了解课程内容，建立起对即将学习的内容的知识框架，使他们在正式上课时能更快地理解和吸收新知识。

（2）通过预习，孩子可以发现自己感兴趣的点或者有疑问的地方，这会激发他们在课堂上更加积极地参与讨论和学习。

（3）在预习过程中，孩子可以提前发现自己不理解或难以掌握的难点，这样在课堂上就可以有针对性地提问和学习。

（4）预习可以帮助孩子将新知识与已有的知识体系相整合，形成更加系统和完整的知识结构。

趣味小贴士

预习后的孩子在课堂上更有可能提出问题或参与讨论，这有助于提高课堂的互动性和活跃度。

名师点拨

主动预习是孩子学好道德与法治的加速器，它不仅能够提高学习效率和效果，还有助于培养孩子的自主学习能力和终身学习的习惯。

如何利用社会资源学习道法？

利用身边的社会资源学习道法，可以采取以下几种方法。

（1）社会实践学习活动：通过参与社会实践活动，如社区服务、职业体验等，孩子可以开阔眼界、锻炼自我，并增进社会责任感和实践能力。

（2）时政热点融入教学：将时政热点融入道法教学，可以提升课程的亲和力和感染力，突出孩子的课堂主体性地位，激活孩子思维，拉近理解的距离。

（3）乡土资源的运用：利用当地的历史文化、风俗人情等融入道法课程，可以促进孩子对课程内容的理解和情感认同。

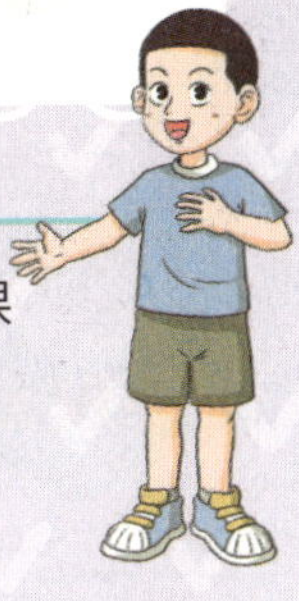

趣味小贴士

通过在线的国际教学经验分享和学术交流，可以将道法课程的相关教学资源引入。

名师点拨

通过上述方法，可以有效地利用社会资源来丰富道法课程的学习内容，提高孩子的学习兴趣和实践能力，使道法教育更加贴近实际、贴近生活、贴近孩子。

如何引导孩子学以致用？

引导孩子对道法知识学以致用，首先，在道法课程中，教师可以根据课程的重难点创设合作情境，让孩子在合作交流中体验情感，达成共识。道法课教师应以当今时政为导向，积极回应孩子关心的社会问题，讲好孩子身边的故事及他们关心的社会热点。

网络生活已成为新时代孩子生活的重要组成部分，用孩子身边新近发生的事例来论证道法课的理论知识，可以激发孩子的学习兴趣。另外，在道法课教学过程中，加入本土文化、校本文化教育，能够有效让孩子将理论化的知识与现实环境结合起来，做到知行合一。

趣味小贴士

孩子可以将理论学习与现实生活现象和问题相结合，提升学习成效。

名师点拨

新时代初中孩子健康生活素养的教育必须将课堂与生活相互渗透，用课堂知识指导孩子的学习生活。

让孩子更自主是否有助于道法学习？

当孩子在家庭决策中有更多参与时，他们就能体会到自己的行为和决策对家庭的影响，从而培养出责任感，形成独立思考的习惯。让孩子在家庭中表达自己的观点和听取他人意见，能让他们学习如何有效沟通和解决冲突。

通过参与家庭事务，孩子能更好地理解个人权利与义务的关系，这是道法教育的重要内容。家庭中的道德讨论和决策可以促进孩子的道德认知发展，帮助他们形成正确的道德判断。

家庭中的决策往往需要解决实际问题，孩子在参与过程中能学习如何分析问题和寻找解决方案。

趣味小贴士

在家庭中考虑和尊重其他家庭成员的意见，有助于培养孩子的同理心，理解他人的感受和需求。

名师点拨

家庭是社会的一个缩影，孩子在家庭中学习到的社会规范和法律知识可以迁移到更广泛的社会环境中。让孩子参与家庭决策，可以让他们体会到作为家庭“小公民”的角色，为将来成为社会公民打下基础。

“共情”意识是学道法的窍门吗？

“共情”意识在学习道德与法治的过程中扮演着至关重要的角色。

共情能力使孩子能够理解他人的立场和感受，这是解决冲突和制定公平决策的基础，也是道法教育的核心。共情意识有助于孩子理解不同背景和文化的人，促进社会的包容性与和谐。

理解法律不仅是遵守规则，也是维护社会成员的权益，共情意识有助于孩子理解法律背后的人文关怀。当孩子能够共情他人时，他们就更可能对自己的行为负责，因为他们能预见到自己行为对他人的影响。共情意识能够激励孩子展现出更多的亲社会行为，如帮助他人和志愿服务。

趣味小贴士

共情意识让孩子在做决策时考虑到更广泛的影响，这有助于他们做出更全面和深思熟虑的决策。

名师点拨

共情意识是连接个人与社会的桥梁，它不仅能帮助孩子学习道法知识，还能帮助他们成为更有同理心、更负责任的社会成员。通过培养共情意识，孩子能够更好地理解和实践道德与法治的基本原则。

孩子学习道法产生畏难情绪怎么办？

当孩子对学习道德与法治（道法）产生畏难情绪时，可以采取以下措施来帮助他们克服困难，激发学习兴趣。

（1）理解畏难情绪的来源：首先要通过与孩子沟通了解他们对道法学习感到困难的具体原因，是因为内容难以理解，还是因为缺乏兴趣，或是其他原因。

（2）使用直观教具：通过使用故事、案例、视频等直观教具来引入道法概念，让孩子更容易理解和接受道法知识。

（3）设计相关游戏：设计一些与道法相关的游戏，比如模拟法庭或道德决策游戏，让孩子在玩乐中学习道法。

趣味小贴士

可以使用插图和趣味小贴士来帮助孩子形象地理解道法知识，比如通过漫画形式展示道德困境。

名师点拨

对孩子在学习道法过程中的每一点进步给予鼓励和表扬，可以增强他们的成就感。

关注社会新闻有助于孩子学习道法吗？

社会新闻作为时政热点，具有时效性、趣味性和现实性等特点，能够激发孩子的学习兴趣，创造生动活泼的课堂氛围。将社会新闻融入道法教学，有助于理论与实践的结合，提高孩子的学科核心素养，进行更加深入的思考，逐步学会透过现象看本质，形成自己的观点，促进孩子更好地发展。社会新闻的是非曲直分析讨论，加上教师适时地引导，能够加深孩子对所学知识的理解，有效培养孩子形成正确的人生观、世界观和价值观。

趣味小贴士

社会新闻就像一本活生生的教材，可以学习到许多关于道德与法治的知识。

名师点拨

社会新闻不仅能够作为道法教育的重要资源，还能有效提升道法教学的实效性、生动性和吸引力，增强孩子的表达能力、分析能力，以及对社会现象的理解能力和判断能力。